KB053723

3차 개정판

어린이

훈민정음

맞춤법 발음

띄어쓰기

원고지 사용법

기초 문법

어휘력은 모든 학습의 뿌리

6-1

책을 펴내며

언어는 의사소통은 물론이고, 자신의 생각을 표현하는 데 꼭 필요한 수단입니다. 이런 언어의 기본 단위가 바로 어휘입니다. 따라서 어휘력의 양적, 질적 향상은 매우 중요하다고 하겠습니다. 특히 학습 과정에 있는 학생들에게 있어 어휘력은 학습의 성패를 좌우할 만큼 중요한 요소입니다. 모든 교과 학습은 물론, 그 결과를 묻는 시험이 언어를 통해 이루어지기 때문입니다. 그러므로 어휘력은 단순히 국어 공부의 한 부분이 아니라, 모든 학습의 기본이자 필수 항목인 것입니다.

국어에는 총 50만 개가 넘는 어휘가 있고, 사회가 발전함에 따라 어휘는 생성과 소멸을 반복하며 변화하고 있습니다. 원만한 사회생활을 위해서 기본적으로 알아야 하는 어휘 수는 대략 5만 개 정도로 봅니다. 그런데 이 가운데 초등학교 과정에서 배우는 어휘가 약 2만 5천 개 정도나 됩니다. 결국 우리는 생활에 필요한 어휘의 반을 초등학교 과정에서 배우게 됩니다. 그만큼 초등학교 때 어휘 공부는 대단히 중요합니다.

그렇다면 초등학생들의 어휘력 향상을 위한 가장 좋은 학습 방법은 무엇일까요?

바로 교과서와 연계하여 관련 어휘를 학습하는 것입니다. 교과서에서 눈에 익은 어휘는 그만큼 어린이들이 쉽게 받아들이고 배우기에 수월합니다. 그리고 교과서 어휘를 완벽하게 익힘으로써 학습 효과를 높이는 것은 물론이고, 공부에 자신감이 생기게 됩니다. 이 책의 편집 원칙 가운데 첫째로 삼은 것이 바로 이 점입니다.

본 교재는 출간 당시부터 지금까지 여러 선생님과 학부모님들로부터 좋은 평가를 받아 왔던 '어린이 훈민정음'의 3차 개정판입니다. 2019년부터 적용되는 새 교과서 내용에 따라 이번에 전면 개정을 하였습니다. 학년별로 꼭 필요한 어휘를 선정하고, 어린이들이 쉽고 재미있게 학습하도록 문제 형식을 다양하게 구성하였습니다.

아무쪼록 본 교재를 통해 어린이들이 어휘 학습에 흥미를 느끼고, 자신감을 얻어 교과 학습은 물론이고 바른 국어 생활을 하는 데 이 책이 길잡이가 되기를 바랍니다.

감사합니다.

도서출판 **시서례**

3차 개정판 어린이 훈민정음

목차

독서 – 책을 읽고 생각을 넓혀요 ·········· 7

인공 · 무슨 낱말일까요? · 깨끗한 공기 · 공통점 · 바르게 쓰기 · 띄어쓰기

1. 비유하는 표현 ·········· 15

'직유법'과 '은유법' · 운율 · '큰 북'? '큰북'? · 무슨 낱말일까요? · '헤져'와 '해져'
같은 소리, 다른 뜻 · 비유적 표현 · 십자말풀이

2. 이야기를 간추려요 ·········· 25

감명 · 무슨 낱말일까요? · 낱말 뜻풀이 · 옥황상제와 염라대왕 · 무슨 뜻일까요?
같은 소리, 다른 뜻 · 비슷한말, 반대말 · 바르게 쓰기 · 띄어쓰기 · 태양계

3. 짜임새 있게 구성해요 ·········· 37

인권 · 무슨 낱말일까요? · 같은 소리, 다른 뜻 · 낱말 뜻풀이 · 발표 · 윗-, 위-, 웃-
바꾸어 쓰기 · 십자말풀이

4. 주장과 근거를 판단해요 ·········· 47

논설문 · 무슨 낱말일까요? · 비슷한말, 반대말 · -적 · 무슨 뜻일까요? · 바르게 쓰기
대자연 · 낱말 뜻풀이 · 같은 소리, 다른 뜻 · 띄어쓰기

5. 속담을 활용해요 ·········· 59

협동 · 무슨 낱말일까요? · 속담 속 낱말 · 속담의 뜻 · 무슨 뜻일까요? · 비슷한 속담
속담의 활용 · 십자말풀이

연극 – 함께 연극을 즐겨요 ···················· 69
연극 · 무슨 낱말일까요? · 극본 · 연극을 해요 · 어울리는 말 · 무슨 뜻일까요?
십자말풀이

6. 내용을 추론해요···························· 77
누구일까요? · 무슨 낱말일까요? · 십자말풀이 · 건축 · 동형어 · 다의어 · 낱말 뜻풀이
무슨 뜻일까요? · 서울의 궁궐 · 궁궐의 건물 · 비슷한말

7. 우리말을 가꾸어요···························· 89
서평 · 비슷한말, 반대말 · 낱말 뜻풀이 · 무슨 낱말일까요? · 우리말 · 바르게 쓰기
다의어 · 십자말풀이

8. 인물의 삶을 찾아서 ·························· 99
여객선 · 죽음 · 집 · 무슨 낱말일까요? · 전쟁 · 바르게 쓰기 · 숲 · 낱말 뜻풀이
무슨 뜻일까요? · 십자말풀이

9. 마음을 나누는 글을 써요 ···················· 111
평화 · 편지 · 무슨 낱말일까요? · 무슨 뜻일까요? · 바르게 쓰기 · 비슷한말 · 띄어쓰기
같은 글자로 시작하는 말

부록 · 정답과 해설

책을 읽고 생각을 넓혀요

1 인공

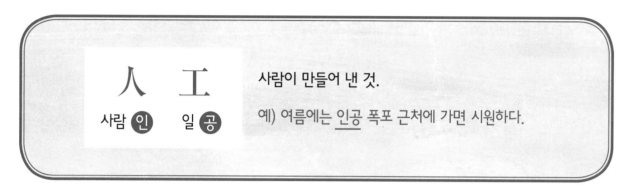

人 工
사람 인   일 공

사람이 만들어 낸 것.

예) 여름에는 인공 폭포 근처에 가면 시원하다.

아래 설명을 읽고 그 뜻을 지닌 말을 쓰세요.

(1) 사람의 지능(배우고 생각하고 추리하는 능력)과 같은 기능을 갖춘 컴퓨터 시스템.

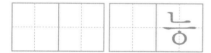

(2) 인간에 의해 쏘아 올려져 지구의 주위를 도는 물체.

(3) 눈물이 부족해 눈이 건조한 사람들을 위하여 만든 액체.

(4) 숨을 멈춘 사람에게, 사람이 강제로 공기를 불어 넣어 숨을 쉴 수 있도록 하는 응급처치.

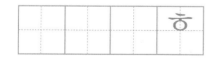

2 무슨 낱말일까요?

빈칸에 알맞은 낱말을 넣어 문장을 완성하세요.

(1) 우리는 환경 오염 방지에 대한 ┌─┬─┬─┐ 를 만들었다.
                                 │ 포 │ 스 │ 터 │
                                 └─┴─┴─┘

  * 어떤 내용을 알리기 위해 상징적인 그림과 짧은 글로 나타낸 것.

(2) 논설문을 읽을 때에는 그 사람의 주장이 옳은지 그 내용을 잘 ┌─┬─┐ 해 보아야
                                                              │ 검 │ 토 │
                                                              └─┴─┘
한다.

  * 내용을 자세히 살펴서 따져 보는 것.

(3) 내 의견이 틀렸으면 ┌─┬─┐ 해 보아라.
                      │ 바 │ 로 │
                      └─┴─┘

  * 남의 의견에 반대하여 주장을 펼치는 것.

(4) 겨울이 되면 방 안의 공기가 ┌─┬─┐ 해지기 쉽다.
                              │   │ 조 │
                              └─┴─┘

  * 말라서 물기나 습기가 없음.

(5) 교실 안의 공기가 탁하니 창문을 열어 ┌─┬─┐ 를 하자.
                                      │   │ 기 │
                                      └─┴─┘

  * 나쁜 공기를 내보내고 맑은 공기로 바꿈.

(6) 명수는 은정이가 잘못했다며 ┌─┬─┬─┬─┐ 항의하였다.
                              │ 격 │ 렬 │ 하 │ 게 │
                              └─┴─┴─┴─┘

  * 말이나 행동이 세차고 사납게.

(7) 재미있다고 게임에 너무 빠지지 말고 [ㅈ][ㅈ] 하는 습관을 길러야 한다.

    * 자기의 감정이나 욕망 따위를 스스로 억제함.

(8) 쓰레기통에서 [아][츠] 가 난다.

    * 고약하고도 불쾌한 냄새.

(9) 이제 6학년이 되었으니 [부][ㅂ] 없는 행동을 하면 안 된다.

    * 옳고 그른 것을 판단함.

(10) [ㅅ][퍼] 이 좋아서 오늘 그 동화책을 샀다.

    * 책 내용에 대한 평가.

(11) 노력과 성공은 [미][저][한] 관계에 있다.

    * 맞닿을 만큼 아주 가까운.

(12) 민호는 수업 시간에 [지][주] 하지 않고 떠들다 선생님께 혼이 났다.

    * 한 가지 일에 힘이나 정신을 쏟아부음.

(13) 은영이는 학교 도서실의 책을 더 마련해 달라고 학교에 [거][ㅇ] 했다.

    * 어떤 문제에 대해 의견이나 희망 사항을 내놓음.

3 깨끗한 공기

😊 **다음 글을 읽고, 밑줄 친 곳에 들어갈 낱말을 쓰세요.**

사람은 (1) _____ 을 하며 사는 동물입니다. 깨끗한 공기는 우리를 건강하게 하지만 (2) _____ 된 공기는 우리의 건강을 (3) _____ 합니다. 그런데 불행하게도 요즈음 미세 먼지가 심한 날이 많아 우리 건강에 나쁜 영향을 미치고 있습니다. 그렇다면 우리는 어떻게 (4) _____ 하는 것이 좋을까요?

첫째, 미세 먼지가 심한 날은 (5) _____ 을 자제하는 것이 좋습니다.

둘째, 꼭 밖에 나가야 한다면 옷차림에 신경을 써야 합니다. 특히 (6) _____ 용 (7) _____ 를 쓰는 것이 좋습니다.

셋째, 실내에서는 공기 청정기를 켜서 공기를 깨끗이 합니다. 조심할 점은 청정기의 (8) _____ 를 (9) _____ 으로 교체해 주어야 합니다. 그렇지 않으면 공기를 깨끗하게 하는 효과를 볼 수 없습니다.

넷째, 밖에 나갔다 오면 몸을 깨끗이 하고 옷은 미세 먼지를 털어야 합니다. 그래야 몸과 옷에 묻은 것을 (10) _____ 할 수 있습니다.

끝으로, 미세 먼지가 심한 날은 물을 충분히 마십시다. 물은 몸속 (11) _____ 을 (12) _____ 하는 데에 중요한 역할을 합니다.

(1) 숨을 내쉬고 들이마시는 일.

ㅎ	ㅎ

(2) 공기나 물, 환경 따위가 더러워짐.

ㅇ	ㅇ

(3) 상대방이 겁을 먹도록 무서운 말이나 행동으로 협박하는 것.

ㅇ	협

(4) 어떤 일에 적당한 조치를 함.

대	ㅊ

(5) 어떤 일을 하러 집 밖으로 나감.

	출

(6) 건강을 잘 지킴.

ㅂ	ㄱ

(7) 병균이나 먼지가 폐로 들어가는 것을 막기 위해 코와 입을 가리는 물건.

	스	

(8) 액체나 기체 속의 좋지 못한 물질을 걸러 내는 장치. 거름망.

피	터

(9) 일정한 시간을 두고 되풀이하는.

ㅈ	ㄱ	적

(10) 없어지게 함.

ㅈ	ㄱ

(11) 생물의 몸 안에 들어온 물질 중 필요한 것을 흡수하고 남은 찌꺼기.

	폐	무

(12) 안에서 밖으로 밀어냄.

배	ㅊ

4 공통점

共 通 點
함께 공 통할 통 점 점

둘 이상의 여럿 사이에 두루 통하는 점.

예) 성은이와 현주의 공통점을 찾아보자.

설명을 읽고, '함께 공(共)'으로 시작하는 낱말을 쓰세요.

(1) 요즈음 [| ○] 경제가 활발히 이루어지고 있다. 자전거 한 대를 여러 사람이 필

요할 때 서로 돌아가며 사용하는 것이 그 예다.

* 두 사람 이상이 한 물건을 함께 소유하거나 사용하는 것.

(2) 이 우물은 동네 사람들이 [| 도] 으로 사용하고 있다.

* 두 사람 이상이 같은 조건으로 관계를 맺는 일.

(3) 형이 다니는 태양중학교는 남녀 [| ㅎ] 이다.

* 성별이 다른 학생들이 같은 학교나 교실에서 함께 배우는 일.

(4) 나는 민호의 주장에 [| ㄱ] 하지 않았다.

* 다른 사람의 주장이나 감정, 생각 등에 나도 그렇다고 느끼는 것.

(5) 옆에서 구경을 하던 현수도 [| ㅂ] 으로 오해 받았다.

* 함께 죄를 저지른 사람.

5 바르게 쓰기

바르게 쓴 낱말에 동그라미 하세요.

(1) 책을 읽으면 생각을 (넓힐, 넓일) 수 있어.

(2) 이 책 (색갈, 색깔)이 마음에 든다.

(3) 책을 (깊이, 깊히) 있게 읽자.

(4) 우리가 버린 쓰레기가 (부매랑, 부메랑)이 되어 우리를 병들게 한다.

(5) 채소는 몸속에 (싸인, 쌓인) 중금속을 내보낸다.

(6) 이 문제를 어떻게 해결할지 (곰곰히, 곰곰이) 생각해 보자.

(7) 다 쓰고 난 다음에 (폐기물, 패기물)은 이곳에 버려라.

(8) 욕심부리지 말고 (단계, 단게)를 밟아서 올라가야지.

(9) 인터넷 (실명제, 실명재)를 하면 그런 글들이 없어질 것이다.

    * 생산자나 판매자, 사용자 등이 실제 이름을 밝히는 제도.

6 띄어쓰기

 괄호 안의 띄어쓰기 횟수를 참고하여, 띄어야 할 부분에 ∨ 표를 하세요.

(1) 일단공기가오염되면사람의힘으로정화하기어렵다. (6)

(2) 격렬한외부활동은호흡량을늘려더많은미세먼지를마시게한다. (10)

(3) 공기1리터에먼지알갱이가10만개나있다. (6)

(4) 미세먼지는일반먼지보다크기가작아서눈에보이지않는다. (8)

(5) 만약태워야한다면연기가밖으로나오지않게해주세요. (8)

(6) 그리고긴소매옷과장갑따위로몸을가리는것이좋다. (8)

(7) 이런해조류나채소는장운동을활발하게해줌금속을내보낸다. (7)

제 **1** 과 비유하는 표현

1 '직유법'과 '은유법'

> 말하려는 것을, 그것과 비슷한 성질을 지닌 사물이나 현상으로 돌려 나타내는 것을 '비유하는 표현'이라고 합니다.
>
> 1. 직유법: '～같이', '～처럼', '～듯이', '～같다' 와 같은 방법으로 나타냅니다.
>   예) 보름달이 쟁반 같다. 여우 같은 내 동생.
>
> 2. 은유법: '～은 …이다'와 같은 방법으로 나타냅니다.
>   예) 보름달은 쟁반이다. 내 동생은 여우다.

아래 문장을 읽고 어떤 비유법을 썼는지 그 방법을 괄호 안에 적으세요.

(1) 친구는 풀잎과 같다.

(2) 친구는 풀잎이다.

(3) 봄은 개나리다.

(4) 개나리 같은 봄.

2 운율

운율은 시를 음악처럼 느껴지게 하는 요소입니다.

1. 소리가 같거나 비슷한 글자가 되풀이되는 경우에 운율이 생깁니다.
   예) 밥을 먹<u>고</u> / 차를 마시<u>고</u> / 책을 보<u>고</u> / 너를 만나<u>고</u>

2. 글자수가 되풀이되는 경우에 운율이 생깁니다.
   예) 아리랑 아리랑 아라리요(3글자, 3글자, 4글자)
   아리랑 고개를 넘어간다.(3글자, 3글자, 4글자)

아래 시들은 모두 운율이 느껴집니다. 위에서 설명한 두 경우 중 어느 것에 해당하는지 그 번호를 쓰세요. 두 경우를 모두 포함하면 '3'이라고 쓰세요.

(1) (   )

나는 엄마 따라가고

비는 나를 따라오고

(2) (   )

앞마을 개구리는
개굴개굴 개구울
뒷마을 두꺼비는
두껍두껍 두꺼업

(3) (   )

태양을 사모하는 아이들아
별을 사랑하는 아이들아

밤이 어두웠는데
눈 감고 가거라

3 '큰 북'? '큰북'?

큰북   작은북

'크다', '작다'가 꾸미는 말로 쓰여, '큰', '작은'의 모습이 되면 뒷말과 띄어 쓰는 것이 원칙입니다. 하지만 위 낱말처럼 특정한 사물이나 사람을 나타낼 때에는 '큰북', '작은 북'처럼 붙여 씁니다.

 다음 중 띄어쓰기가 옳은 말에 동그라미 하세요.

(1) 우리 가족은 어제 (큰 아버지, 큰아버지) 댁에 갔었고, 오늘은 (작은 아버지, 작은아 버지) 댁에 간다.

(2) 달리기에서 꼴찌를 한 민호가 다음 대회에선 1등이 자신 있다고 (큰 소리, 큰소리)치자, 우리 반 아이들이 모두 (큰 소리, 큰소리)로 웃었다.

(3) 며칠 전 이사를 간 (큰 집, 큰집)에 가 보니 우리 집보다 (큰 집, 큰집)이었다.

(4) 길을 지나가던 키 (큰 형, 큰형)이 우리 (큰 형, 큰형)과 말다툼을 했다.

(5) 대화글은 (큰 따옴표, 큰따옴표) 안에, 마음속으로 한 말은 (작은 따옴표, 작은따옴 표) 안에 적는다.

4 무슨 낱말일까요?

빈칸에 알맞은 낱말을 넣어 문장을 완성하세요.

(1) 그 자리에 있던 사람들이 흘러나오는 | 와 | 츠 | 에 맞추어 춤을 췄다.

   * 3박자의 가볍고 밝은 춤곡.

(2) 미은이가 교실 앞으로 나가 시를 | ㄴ | 소 | 했다.

   * 크게 소리를 내어 글을 읽거나 외우는 것.

(3) 일요일에 어머니와 함께 | ㅅ | ㅎ | 전 | 에 가서 멋진 작품들을 보았다.

   * 시와 그림을 전시하는 모임.

(4) 아침에는 맑았는데 오후부터 | 함 | | 눈 | 이 내렸다.

   * 굵고 탐스럽게 내리는 눈.

(5) 시냇물이 | ㅌ | 며 | 하여 헤엄치는 물고기들이 훤히 보였다.

   * 속까지 환하게 비치도록 맑음.

(6) 이 글에서 친구를 무엇에 | | 유 | 했지?

   * 어떤 것을 다른 것에 빗대어 표현하는 것. ⑩ 눈을 솜에 ○○하다.

(7) 우리는 축구 시합에서 이긴 뒤 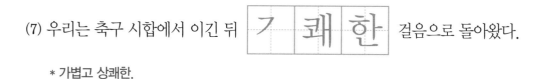 걸음으로 돌아왔다.

*가볍고 상쾌한.

(8) 윤주의 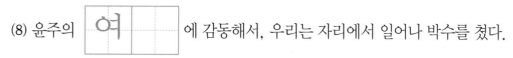 에 감동해서, 우리는 자리에서 일어나 박수를 쳤다.

*악기를 다루어 음악을 들려주는 일.

(9) 바람이 불어 머리카락이 마구 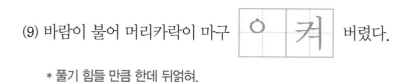 버렸다.

*풀기 힘들 만큼 한데 뒤얽혀.

(10) 그 집  에는 소도 말도 없었다.

*소나 말을 기르는 곳.

(11) 그 발명가는  아이디어로 세상을 놀라게 했다.

*대단히 새롭고 신선한.

(12) 요즈음  때문에 화재가 종종 일어난다.

*종이나 가는 대나무로 만든 통에 화약을 넣고, 불을 질러 터뜨려서 큰 소리가 나게 하는 물건.

(13) 바람이 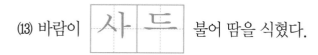 불어 땀을 식혔다.

*시원한 바람이 가볍고 보드랍게 부는 모양을 나타내는 말.

5 '헤져'와 '해져'

😊 다음 뜻풀이를 보고, 괄호 안에 알맞은 낱말을 쓰세요.

헤져	: '헤어져'의 준말. 모였던 사람들이 뿔뿔이 흩어져.
해져	: '해어져'의 준말. 닳아서 헐거나 찢어져.

(1) 양말이 (   ) 어머니가 꿰매 주셨다.

(2) 전쟁이 나는 바람에 우리 식구는 모두 (   ) 버렸다.

비유	: 어떤 것을 직접 설명하지 않고 비슷한 것에 빗대어 설명하는 것.
비교	: 둘 이상을 견주어 같은 점, 차이점 등을 따져 보는 것.

(3) 이 둘을 (   )해서 어떤 것이 좋은지 골라 봐.

(4) 원숭이 엉덩이를 사과에 (   )하다니, 얼마나 웃겨?

-던지	: 과거의 일을 떠올릴 때 쓰는 말.
-든지	: 선택을 나타낼 때 쓰는 말.

(5) 사과(   ) 배(   ) 다 좋아.

(6) 그날 얼마나 무서웠(   ) 다시 생각하고 싶지도 않아.

6 같은 소리, 다른 뜻

다음 글을 읽고, 괄호 안에 공통으로 들어갈 낱말을 빈칸에 쓰세요.

(1)

	상

① 이 시는 무엇을 (　　　)으로 썼지?

　* 목표물.

② 민주는 이번 글쓰기 대회에서 (　　　)을 받았다.

　* 가장 큰 상.

(2)

	경

① 그 영화는 내용보다 (　　　) 음악이 더 좋았다.

　* 분위기를 띄우기 위해 뒤에서 도와주는 것.

② 우리는 꽃을 (　　　)으로 사진을 찍었다.

　* 뒤쪽의 경치.

(3)

	손

① 문화재를 (　　　)해서는 안 된다.

　* 헐거나 깨뜨려 못 쓰게 만듦.

② 회장은 자신의 명예가 (　　　)됐다며 엉엉 울었다.

　* 체면이나 명예가 떨어짐.

(4)

지	

① 사람들은 난로 앞에서 (　　　)을 치고 몸을 녹였다.

　* 군대가 머무는 곳. 여기서는 '자리'라는 뜻.

② 고무는 고무나무의 (　　　)으로 만든다.

　* 풀이나 나무에서 나오는 끈끈한 물질.

7 비유적 표현

다음 글을 읽고 물음에 답하세요.

> 자신이 나타내고자 하는 것을 좀 더 쉽고 분명하게 표현하고자, 무엇을 그것과 비슷한 것에 빗대어 표현하는 것을 ① ☐ 라고 합니다. 예를 들어 봄날에 ② <u>홋날리는</u> 꽃잎을 나비로 빗대어 표현하는 것입니다. 이렇게 표현하면 내용을 쉽고 실감 나게 전달할 수 있습니다.
>
> 이 표현 방법에는 두 가지가 있지요. 은유와 직유입니다.
>
> | 은유 | 꽃잎은 나비다. |
> | --- | --- |
> | 직유 | 꽃잎은 나비 같다. |
>
> 은유는 '~은 …이다'의 형식으로, 직유는 '~은 …같다' 또는 '~같은 …'의 형식으로 씁니다. 글을 쓸 때 이 표현 방법을 사용하려면 견주어 표현하려는 두 대상에 ③ ☐ 이 있어야 합니다. 반대로, 읽을 때에는 두 대상의 ③ ☐ 을 마음속에 떠올려야 그 글을 제대로 감상할 수 있습니다.

(1) ①과 ③에 들어갈 알맞은 낱말을 쓰세요.

①

③

(2) ②를 바르게 쓰세요.

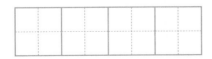

 빈칸에 알맞은 낱말을 넣어 괄호 안의 비유적 표현을 완성하세요.

(3) 풀벌레와 개구리의 울음소리가 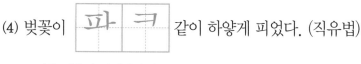 ㄱ ㅎ ㅑ 악 처럼 아름다웠다. (직유법)

   * 관악기, 타악기, 현악기 등 여러 악기로 함께 연주하는 음악.

(4) 벚꽃이  파 ㅋ 같이 하얗게 피었다. (직유법)

   * 간을 맞추어 튀긴 옥수수.

(5) 봄은 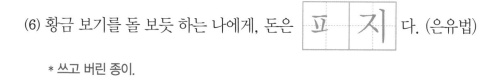 ㅂㅕ   이 . 날씨가 하루에도 몇 번 바뀌니까. (은유법)

   * 이랬다저랬다 하기를 잘 하는 사람.

(6) 황금 보기를 돌 보듯 하는 나에게, 돈은 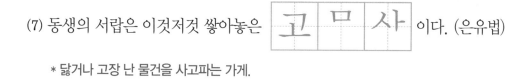 ㅍ 지 다. (은유법)

   * 쓰고 버린 종이.

(7) 동생의 서랍은 이것저것 쌓아놓은 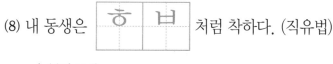 ㄲ ㅁ 사 이다. (은유법)

   * 닳거나 고장 난 물건을 사고파는 가게.

(8) 내 동생은 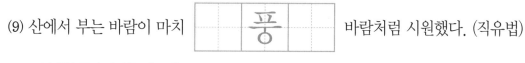 ㅎ ㅂ 처럼 착하다. (직유법)

   * 놀부의 동생.

(9) 산에서 부는 바람이 마치   풍   바람처럼 시원했다. (직유법)

   * 날개를 돌려 바람을 일으키는 기계.

8 십자말풀이

가로 열쇠와 세로 열쇠를 잘 읽고, 빈칸을 채우세요.

	(1)		(3)		
	(2)				
(4)	손			(13)	(12)
	(5)	(6)			예
				(11)	
	(7)		(9)	부	
(8)	청		(10)		

가로 열쇠

(2) 대학을 졸업한 사람이 더 전문적인 교육을 받고 연구하는 기관.

(4) 자기를 내세우지 않고 남을 존중하는 태도.

(5) 중국 소설 〈서유기〉의 주인공 원숭이.

(7) 뿌리로 주로 나물을 해 먹는 식물. 흙냄새와 약간의 쓴맛이 난다.

(8) 나랏일을 하는 국가 기관.

(10) 마음에 들지 않음. 만족하지 못함.

(11) 인간의 변화나 발전을 적은 기록.

(13) 연극의 대본.

세로 열쇠

(1) 자손들이 오래도록 내려오는 여러 대.

(3) 논과 밭이라는 뜻으로, 도시에서 떨어진 시골을 이르는 말.

(6) 음악과 연기 등을 합친 종합무대예술.

(7) 남의 이야기를 몰래 듣거나 녹음하는 일.

(9) 돈을 내어 주는 것.

(11) 힘이나 실력이 모자람.

(12) 줄타기나 요술 등 재주를 전문으로 하는 사람.

제 **2** 과   이야기를 간추려요

1 감명

感 銘
느낄 **감** 새길 **명**

마음속에 무엇을 크게 느껴 깊이 새김.

예) 나는 그 책을 읽고 큰 <u>감명</u>을 받았다.

설명을 읽고, '느낄 감(感)'이 들어간 낱말을 쓰세요.

(1) 나는 이 책을 읽고, 글쓴이의 분노에 | 고 | | 했다.

* 남의 감정이나 생각에 자기도 그렇다고 느끼는 것.

(2) 재인이는 민주에게 | ㅎ | | 을 나타내었다.

* 좋게 여기는 감정.

(3) 형은 | 채 | 이 | | 이 무척 강하다.

* 맡아서 해야 할 임무나 의무를 중요하게 여기는 마음.

(4) 병자가 눈을 뜨자 그제야 허준은 | 아 | 도 | | 이 들었다.

* 안심이 되는 마음.

2 무슨 낱말일까요?

빈칸에 알맞은 말을 넣어 문장을 완성하세요.

(1) 사람들이 저마다 스마트폰만 쳐다보기 때문에 소토 이 잘 이루어지지 않는다.

   * 생각이나 의견이 서로 통하는 것.

(2) 놀부의 고가 에는 언제나 먹을 것이 넘쳤다.

   * 물건이나 식량을 모아 둔 곳.

(3) 장수가 지나가던 나즈 을 불러 세웠다.

   * 조선 시대, 포도청(조선시대에, 범죄자를 잡던 관청) 소속으로 순찰을 하던, 지위가 낮은 병사.

(4) 사람들은 그 사람의 흉츠한 얼굴을 보고 모두 놀랐다.

   * (생김새 따위가) 험상궂고 무서운.

(5) 재윤이의 재주를 보고 친구들이 타서 을 질렀다.

   * 감탄하여 내는 소리.

(6) 형식이는 동생과 싸우다가 누나에게 피자 만 들었다.

   * 못마땅하여 맞대 놓고 언짢게 꾸짖는 일.

(7) 짐을 소포로 부치려면 | ㄴ | ㄲ | 으로 단단히 묶어야 한다.

  * 실, 질긴 종이 따위를 가늘게 비비거나 꼬아서 만든 끈.

(8) 일요일이면 | ㄱ | 터 | 에 장사꾼들이 모여들어 장을 연다.

  * 집이나 밭 따위가 없는 비어 있는 땅.

(9) | ㅂ | 초 | 가 졸고 있는 틈을 타서 적군이 몰래 들어왔다.

  * 경계선이나 출입문 앞에서 감시 업무를 맡은 병사.

(10) 범인이 | ㅂㅕ | 자 | 을 하고 다녔기 때문에 누구도 그를 알아보지 못했다.

  * 본래의 모습을 알아볼 수 없게 옷차림이나 얼굴, 머리 모양 따위를 다르게 바꾸는 일.

(11) 나그네는 | | 막 | 에 들러 잠시 쉬어갔다.

  * 시골 길가에서 밥과 술을 팔고, 돈을 받고 나그네를 묵게 하던 집.

(12) 친구를 만나러 갔는데 친구가 없어 | 걸 | 음 | 만 하고 돌아왔다.

  * 목적을 이루지 못하고 헛수고만 한 채 가거나 옴.

(13) 우리가 지금 살고 있는 이 세상을 | | 승 | 이라 하고, 죽어서 가는 곳을

| | 승 | 이라 부른다.

3 낱말 뜻풀이

👀 빈칸에 알맞은 낱말을 넣어 밑줄 친 낱말의 뜻을 풀이하세요.

(1) 새색시는 <u>다소곳이</u> 앉아 있었다.

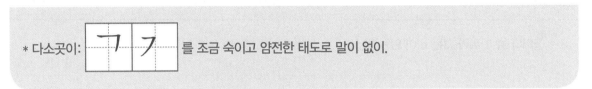

* 다소곳이: ㄱㅣ 를 조금 숙이고 얌전한 태도로 말이 없이.

(2) 요즈음은 시골도 기계화가 되어 <u>달구지</u>를 끄는 곳이 거의 없다.

* 달구지: 소나 ㅁ 이 끄는 수레.

(3) 장수는 임금 앞에서 머리를 <u>조아렸다</u>.

* 조아렸다: 존경이나 애원의 뜻으로 ㅁㅏ 가 바닥에 닿을 정도로 머리를 숙였다.

(4) 철민이는 늦게까지 공부를 하다가 <u>아슴아슴</u> 잠이 들었다.

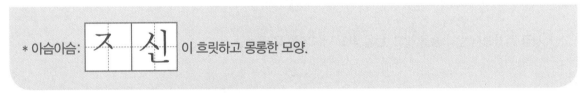

* 아슴아슴: ㅈ ㅣ ㄴ 이 흐릿하고 몽롱한 모양.

(5) 아영이가 실수를 하자 선희가 <u>타박</u>을 했다.

* 타박: 남의 잘못이나 ㅅ ㅜ 를 나무라거나 꾸짖는 일.

(6) 삐죽삐죽 솟은 <u>전봇대</u>가 하늘을 받치고 있는 것 같았다.

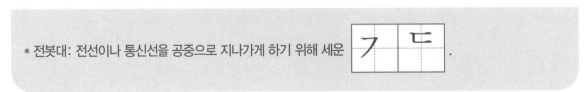

* 전봇대: 전선이나 통신선을 공중으로 지나가게 하기 위해 세운 ㄱ ㄷ.

4 옥황상제와 염라대왕

 아래 설명을 읽고 알맞은 낱말을 쓰세요.

옥황상제	: 하늘에 있는 신들을 다스리는 최고의 신.
염라대왕	: 지옥에 떨어지는 사람이 살아 있을 때 지은 죄를 심판하는 왕.
저승사자	: 염라대왕의 심부름꾼. 죽은 사람의 넋을 저승으로 데리고 간다.

(1) 옆집 할아버지는 곧 ( )가 자신을 데리고 갈 거라며 벌벌 떠셨다.

(2) ( )가 화를 내자 하늘의 모든 신들이 두려워했다.

(3) ( )은 무서운 얼굴로 나무꾼이 지은 죄를 낱낱이 말했다.

넘어	: 어떤 높은 곳을 지나. 동작을 나타낸다.
너머	: 높이로 막힌 저쪽. 어느 지점을 가리킨다.

(4) 도둑이 울타리를 ( ) 집으로 들어왔다.

(5) 저 언덕 ( )에 할머니께서 살고 계신다.

(6) 꼬부랑 할머니께서 꼬부랑 고개를 ( ) 가고 계신다. 꼬부랑 할아버지께서

고개 ( )에서 살고 계시기 때문이다.

5 무슨 뜻일까요?

밑줄 친 말의 알맞은 뜻을 찾아 번호를 쓰세요.

(1) 민주는 툭하면 삐친다.　　　　　　　　　　　(　)

　　① 조금이라도 무슨 일이 있으면 곧바로.

　　② 기분이 상하면.

(2) 요즈음 나는 별일 없이 학교에 다니고 있다.　(　)

　　① 보통 때와 다른 특별한 일.

　　② 아주 기분 좋은 일.

(3) 유치원 때 헤어진 친구의 모습이 언뜻 떠올랐다.　(　)

　　① 잠깐 나타나거나 문득 생각나는 모양.

　　② 아주 생생하게 생각나는 모양.

(4) 험상궂은 그 사람이 나를 해코지할까 봐 무서웠다.　(　)

　　① 남에게 고함치며 욕하는 것.

　　② 남을 해치고자 하는 짓.

(5) 소나기가 지나가고 쪽빛 하늘이 펼쳐졌다.　(　)

　　① 짙은 푸른빛.

　　② 노을이 질 때 생기는 불그스름한 빛.

(6) 현주는 쉬는 시간에 나에게 넌지시 생일 초대장을 주었다.　(　)

　　① 남들 앞에서 자랑스럽거나 당당하게.

　　② 드러나지 않게 가만히.

(7) 소현이는 <u>흐무러진</u> 감을 먹으면서 할머니를 떠올렸다.　　　（　　）

　　① 흐물거려서 힘이 없는.

　　② 물렁거릴 정도로 잘 익은.

(8) 늑대가 토끼에게 <u>울릉대고</u> 있었다.　　　（　　）

　　① 자기 힘을 믿어 남을 위협하고.

　　② 친한 척하고.

(9) 할머니는 <u>흠칫</u> 놀라 뒤돌아보셨다.　　　（　　）

　　① 특별한 이유도 없이.

　　② 몸을 움츠리며 갑작스럽게 놀라는 모양.

(10) 동민이는 <u>잰걸음</u>으로 소민이에게 다가가 소리를 쳤다.　　　（　　）

　　① 보폭(두 발 사이)이 짧고 빠른 걸음.

　　② 살금살금 소리 없이 걷는 걸음.

(11) 너 함부로 친구를 욕하다간 언젠가 <u>큰코 다친다</u>.　　　（　　）

　　① 큰 싸움을 하게 된다.

　　② 크게 망신을 당한다.

(12) 말 같지 않은 말은 <u>아예</u> 무시해 버리는 것이 좋다.　　　（　　）

　　① 못 들은 척.

　　② 완전히.

(13) 놀부는 흥부가 찾아와도 <u>적선</u>은커녕 내쫓기에 바빴다.　　　（　　）

　　① 반갑게 맞아 정성껏 대접함.

　　② 돈이나 물건, 음식 등을 달라는 사람에게 그것을 내어주는 일을 좋게 이르는 말.

6 같은 소리, 다른 뜻

![icon] 다음 문장을 읽고, 괄호 안에 공통으로 들어갈 낱말을 빈칸에 쓰세요.

(1)

이	사

① 새로 오신 교장 선생님의 (   )이 좋으시다.

   * 사람 얼굴의 생김새.

② 이 부분이 동화에서 가장 (   ) 깊었던 장면이다.

   * 마음속에 새겨지는 느낌.

(2)

	구	름

① 오전에 (   )이 끼더니 오후에 비가 내렸다.

   * 몹시 검은 구름.

② 선생님의 한마디에 교실 안에는 (   )이 끼었다.

   * 몹시 좋지 않은 상태를 비유적으로 나타내는 말.

(3)

	기

① 힘들다고 (   )하지 말아라.

   * 하려던 일을 도중에 그만두어 버림.

② 우리 집은 김장을 20(   ) 정도 한다.

   * 배추 따위의 채소를 세는 단위.

(4)

	조

① 이야기의 (   )를 생각하면서 내용을 요약했다.

   * 부분이 전체를 이루는 짜임새.

② 물에 빠진 사람을 (   )하기 위해 119가 달려왔다.

   * 어려움에 빠진 사람을 구해 줌.

7 비슷한말, 반대말

밑줄 친 낱말의 비슷한말이나 반대말을 빈칸에 쓰세요.

(1) 그 상인은 할머니께서 캐 오신 채소의 값을 <u>후하게</u> 주었다.

아버지는 아들에게 용돈을 비 너 너 하 게 주셨다.

(2) 황금 사과를 놓고 두 마을 사람들은 <u>툭하면</u> 싸움을 했다.

쟤들은 비 거 피 하 면 싸움을 한다.

(3) 농부는 <u>자물쇠</u>로 그 과수원 문을 꼭 닫았다.

농부의 아내가 반 □□ 로 문을 열고 들어갔다.

(4) 그 소식을 듣고 어부의 <u>낯빛</u>이 어두워졌다.

전화를 받고는 아버지 비 □□ 색 이 변했다.

(5) 동민이는 친구들한테 <u>심술궂은</u> 짓을 자주 한다.

경호가 비 ㅈ 궂 은 짓을 하다가 선생님께 혼이 났다.

(6) 어머니는 혼자 계신 할머니의 건강을 <u>염려하였다</u>.

내일 시험에 대해 너무 비 거 저 하지 말아라.

8 바르게 쓰기

 바르게 쓴 낱말에 동그라미 하세요.

(1) 오직 남은 것은 가슴 (깊숙이 / 깊숙히) 뿌리박힌 미움뿐이다.

(2) 동네 놀이터에서 (또래 / 또레) 친구들과 놀았다.

(3) 할머니는 아이의 말을 (곰곰이 / 곰곰히) 생각해 보았다.

(4) 동생은 (강낭콩 / 강남콩)이 섞인 밥을 잘 먹지 않는다.

(5) 대문 안쪽에 폐지가 (싸여 / 쌓여) 있었다.

(6) 더 이상 고개를 (수구리지 / 수그리지) 말아라.

(7) 난로를 켜니 방이 (금새 / 금세) 따뜻해졌다.

9 띄어쓰기

띄어쓰기를 잘못한 것을 찾아보세요.

(1) ① 빈집 ② 빈칸

　③ 빈상자 ④ 빈손

(2) ① 1년 전 ② 며칠 전

　③ 조금 전 ④ 오래 전

(3) ① 한장소 ② 한여름

　③ 한가운데 ④ 한군데

(4) ① 다음날 ② 이런날

　③ 그날 ④ 옛날

(5) ① 머릿속 ② 숲속

　③ 마음속 ④ 가방속

(6) ① 이번 주 ② 지난 주

　③ 다음 주 ④ 저번 주

(7) ① 그사람 ② 그동안

　③ 그때 ④ 그다음

10 태양계

그림과 설명을 보고 태양계 행성의 이름을 알맞게 쓰세요.

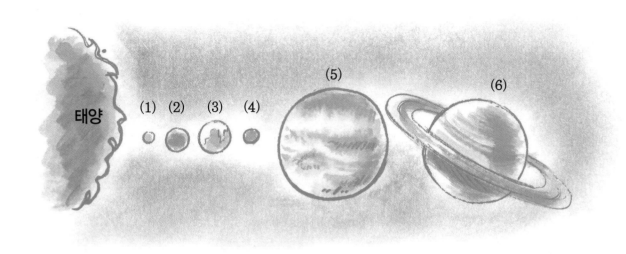

(1) 태양에서 가장 가까운 행성. 태양계 행성 중에 가장 작다.

(2) 태양에서 두 번째로 가까운 행성. 샛별이라고도 불린다.

(3) 사람이 사는 행성. 이 행성 주위를 달이 돌고 있다.

(4) 붉은색을 띠는 행성. 생명체의 존재 가능성이 있어 확인하고 있다.

(5) 태양계에서 가장 큰 행성. 여러 색깔의 띠 모양을 하고 있다.

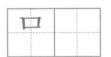

(6) 태양계에서 두 번째로 큰 행성. 아름다운 테를 두르고 있다.

제 **3** 과 짜임새 있게 구성해요

1 인권

人 權
사람 **인** 권리 **권**

인간으로서 당연히 가지는 권리.

예) 어리다고 학생들의 인권을 무시하면 안 된다.

설명을 읽고 '권리 권(權)'이 들어가는 낱말을 쓰세요.

(1) 이번 회장 선거에서 나는 [기] 을 했다.

* 권리를 버리고 쓰지 않음.

(2) 나는 손을 들어 [발 언] 을 얻은 뒤 의견을 말했다.

* 회의나 모임의 자리에서 의견 따위를 말할 수 있는 권리.

(3) 한때 우리나라는 일본에게 [ㅈ] 을 빼앗긴 적이 있다.

* 한 나라의 의사를 결정하는 권리. 즉 한 나라의 주인으로서의 권리.

(4) 왜 네 마음대로 결정하는 거야. 나에게도 [ㅅ ㅌ] 이 있어!

* 여럿 가운데에서 하나를 고를 수 있는 권리.

2 무슨 낱말일까요?

 빈칸에 알맞은 낱말을 넣어 문장을 완성하세요.

(1) 너의 <u>자 ㄹ</u> 희망은 무엇이니?

    ＊다가올 앞날.

(2) 요즈음은 초등학생 때부터 <u>지 ㄹ</u> 를 고민하는 어린이들이 많다.

    ＊앞으로의 삶의 방향.

(3) 선생님께서 우리들이 만든 물건을 꼼꼼히 <u>저 거</u> 하셨다.

    ＊낱낱이 검사함.

(4) 그 동네에는 예전부터 <u>대　간</u> 이 많았다.

    ＊쇠를 달구어 온갖 도구를 만드는 곳.

(5) 아무리 힘들더라도 <u>ㅊ 선</u> 을 다해서 준비해 보거라.

    ＊온 정성과 힘.

(6) 어린 시절부터 <u>서 시</u> 했던 링컨은 훗날 미국의 대통령이 되었다.

    ＊정성스럽고 올바름.

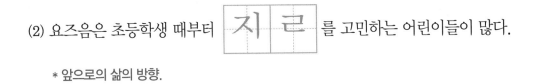
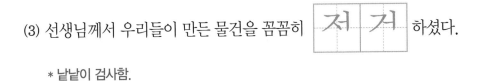
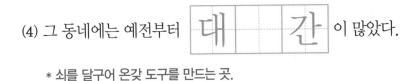

(7) 옛날에 [ㅂ][ㅂ][상] 들은 외적이 쳐들어오면 칼을 들고 싸우기도 했다.

  * 봇짐장수(물건을 보자기에 싸서 메고 다니며 팔던 사람)와 등짐장수(물건을 등에 지고 다니며 팔던 사람).

(8) 우리 반 회장은 회장으로서의 [여][량] 이 부족하다.

  * 어떤 일을 해낼 수 있는 힘.

(9) 발표를 끝낸 수영이는 [ㅊ][ㄱ] 할 것이 있다면서 앞으로 나갔다.

  * 나중에 더 보탬.

(10) 상상했던 것보다 [시][무] 이 훨씬 더 아름다웠다.

  * 실제로 있는 물건이나 인물.

(11) 우리 팀이 오늘은 졌지만 약한 부분을 [ ][화] 해서 다음엔 꼭 이길 거야.

  * 힘을 더 강하고 튼튼하게 함.

(12) 입을 다문 채 있지 말고 네 의견을 [ㅈ][ㅅ] 해 보아라.

  * 어떤 의사를 말이나 글로 나타내어 보임.

(13) 그 모임에는 [ㄷ][ㅇ][한] 직업을 가진 사람들이 참석했다.

  * 여러 가지로 많은.

3 같은 소리, 다른 뜻

다음 글을 읽고, 괄호 안에 공통으로 들어갈 낱말을 빈칸에 쓰세요.

(1)

인	ㅈ

① 우리 반에는 (   )가 많다.

* 어떤 일을 할 수 있는 재주나 능력을 갖춘 사람.

② 그 화재는 (   )였다.

* 사람 때문에 일어난 사고.

(2)

ㅈ	ㄱ

① 우리 아버지는 이번 (   )에 무척 바쁘셨다.

* 월요일부터 일요일까지 한 주일 동안.

② 이번 발표회는 회장이 (   )하기로 했다.

* 어떤 일을 책임지고 맡아서 처리함.

(3)

ㅇ	장

① 목수는 (   )을 챙겨서 밖으로 나왔다.

* 어떤 일을 하는 데에 사용하는 도구.

② 문제가 어렵다고 시험 시간을 (   )해 주지는 않았다.

* 시간이나 거리 따위를 본래보다 길게 늘림.

(4)

	기

① 도영이는 앞으로 (   )를 잘하는 배우가 되고 싶단다.

* 배우가 등장인물의 성격, 행동 따위를 표현하는 일.

② 시험 날짜가 (   )되었다.

* 정해진 날짜를 뒤로 미룸.

4 낱말 뜻풀이

😺 **빈칸에 알맞은 낱말을 넣어서 밑줄 친 낱말의 뜻을 풀이하세요.**

(1) 아무리 어른이라도 어린이를 무시하며 인권을 <u>침해</u>해서는 안 된다.

* 침해: 침범하여 | 해 | 를 끼침.

(2) 이번 시화전은 규민이가 <u>기획</u>하기로 했다.

* 기획: 일에 대해 생각하며 | 기 | 획 | 함.

(3) 이 주제에 대해 각자의 <u>소견</u>을 말해 보세요.

* 소견: 어떤 일이나 사물을 살펴보고 가지는 | | 각 | 이나 의견.

(4) 아버지는 지난주에 <u>학술</u>회의에 참석하셨다.

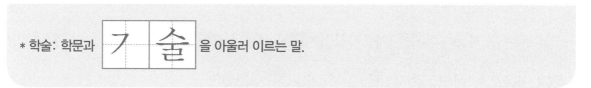

* 학술: 학문과 | 기 | 술 | 을 아울러 이르는 말.

(5) 글을 읽을 때는 <u>핵심어</u>가 무엇인지 찾아내는 것이 중요하다.

* 핵심어: 글의 | ㅈ | ㅅ | 낱말.

(6) 현경이는 전교 회장에 <u>입후보</u>했다.

* 입후보: 선거에 | 후 | 보 | 자 | 로 나섬.

5 발표

🐭 **다음 낱말 뜻을 보고 빈칸에 들어갈 낱말을 쓰세요.**

여러 사람 앞에서 발표를 하려면 철저히 준비해야 합니다.

먼저 발표할 (1) ☐ 와 내용을 정합니다. 이것이 일단 결정되면, 그것에 알맞은 (2) ☐ 를 수집합니다.

모은 (2) ☐ 를 정리하여 글을 쓸 때 독자의 이해를 돕는 장치가 있습니다. (3) ☐ 는 대상의 수량이 얼마나 되는지 쉽게 알 수 있게 합니다. 또 (4) ☐ 은 장면을 그대로 나타내어 설명하는 대상의 모습을 한눈에 보여줍니다. (5) ☐ 는 대상의 수량 변화 정도를 이해하기 쉽게 나타냅니다. (6) ☐ 은 대상의 움직이는 모습을 생생히 전달하고, 음악이나 (7) ☐ 을 넣어 분위기를 전달할 수 있습니다. 이때 조심할 점은 이런 것들의 (8) ☐ 가 어딘지 분명히 밝혀 (9) ☐ 을 침해하는 일이 없어야 합니다.

실제 발표할 때는 여러 사람이 잘 들을 수 있도록 큰소리로 또박또박 말하고, 높임 표현을 사용해야 합니다. 시작할 때에는 듣는 사람들이 (10) ☐ 할 수 있는 내용으로 하고, 잘 알아들을 수 있도록 쉽고 (11) ☐ 설명합니다. 끝을 맺을 때는 발표한 내용을 간단하게 (12) ☐ 하고, 함께 생각해 볼 점을 넣어도 좋습니다.

(1) 대화나 연구 등에서 중심이 되는 문제.

ㅈ ㅈ

(2) 연구나 조사 따위의 바탕이 되는 재료.

ㅈ ㄹ

(3) 어떤 내용을 일정한 형식과 순서에 따라 보기 쉽게 나타낸 것.

	ㅍ

(4) 물체의 모습을 오랫동안 보존할 수 있게 찍은 영상.

ㅅ	

(5) 여러 가지 자료를 분석하여 일정한 형식의 그림으로 나타낸 표.

ㄷ	ㅍ

(6) 움직임을 찍어 그대로 보여 주는 영상.

	영	

(7) 영화나 텔레비전 등에서, 시청자가 읽을 수 있게 화면에 띄우는 글자.

ㅈ	마

(8) 나온 데. 그것이 처음 쓰인 곳.

ㅊ	ㅊ

(9) 창작물에 대하여 지은이가 갖는 권리.

ㅈ	ㅈ	권

(10) 한 가지 일에 힘이나 정신을 쏟아부음.

ㅈ	ㅈ

(11) 틀림없이 확실하게.

부	ㅁ	하	게

(12) 불필요한 것을 없애고, 필요한 내용을 질서 있게 요약함.

저	ㄹ

6 윗-, 위-, 웃-

윗-	: 위와 아래의 구분이 있을 때에는 '윗-'을 씁니다. 예) 윗입술(○) / 아랫입술(○)
위-	: 하지만 된소리(ㄲ, ㄸ, ㅃ, ㅆ, ㅉ)나 거센소리(ㅊ, ㅋ, ㅌ, ㅍ) 앞에서는 '위-'를 씁니다. 예) 위팔(어깨에서 팔꿈치까지의 부분)
웃-	: 위와 아래의 구분이 없을 때에는 '웃-'을 씁니다. 예) 웃어른(○) / 아랫어른(×)

바르게 쓴 낱말에 동그라미 하세요.

(1) 윗니 ( )
    웃니 ( )

(2) 윗도리 ( )
    웃도리 ( )

(3) 윗동네 ( )
    위동네 ( )

(4) 윗쪽 ( )
    위쪽 ( )

(5) 윗사람 ( )
    웃사람 ( )

(6) 윗눈썹 ( )
    위눈썹 ( )

(7) 윗목 ( )
    웃목 ( )

(8) 윗층 ( )
    위층 ( )

* 온돌방에서 차가운 자리.

(9) 윗돈 ( )
    웃돈 ( )

(10) 윗배 ( )
     웃배 ( )

* 본래 값에 더 얹어서 주는 돈.

* 배꼽 위쪽의 배.

바꾸어 쓰기

두 문장의 뜻이 같아지도록 빈칸에 알맞은 낱말을 쓰세요.

(1) ① 힘들더라도 피하지 말고 정면으로 맞서 싸워야 한다.

② 힘들더라도 피하지 말고 ○○해라.

(2) ① 우리 마을은 겨울에 빙어를 주제로 큰 규모의 행사를 한다.

② 우리 마을은 겨울에 빙어 ○○를 한다.

(3) ① 이게 이번 주에 할 일을 날짜별로 계획을 짜 놓은 표다.

② 이게 이번 주 나의 ○○○다.

(4) ① 우리 반 친구들에게 장래 희망을 묻는 조사를 했다.

② 우리 반 친구들에게 장래 희망에 대한 ○○조사를 했다.

(5) ① 그런 말은 함부로 하지 마라.

② 그런 ○○는 함부로 하지 마라.

(6) ① 정연이는 조선의 왕 이름을 순서대로 외웠다.

② 정연이는 조선의 왕 이름을 순서대로 ○○했다.

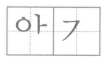

8 십자말풀이

낱말 뜻풀이를 읽고, 괄호 안에 들어갈 낱말을 빈칸에 넣어 십자말풀이를 완성하세요.

(1)
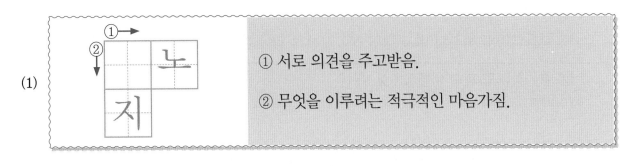

① 서로 의견을 주고받음.

② 무엇을 이루려는 적극적인 마음가짐.

① 우리는 교실 청소 문제에 대해 (　　　)하였다.

② 꿈을 이루려면 재능보다 (　　　)가 중요하다.

(2)
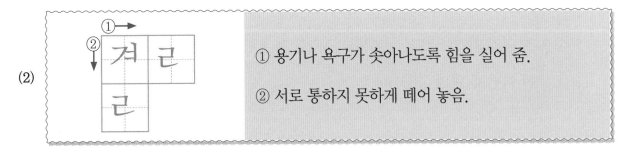

① 용기나 욕구가 솟아나도록 힘을 실어 줌.

② 서로 통하지 못하게 떼어 놓음.

① 열심히 달리다가 넘어진 미주에게 친구들이 (　　　)의 박수를 쳐 주었다.

② 병이 옮을까 봐 환자를 (　　　)시켰다.

(3)
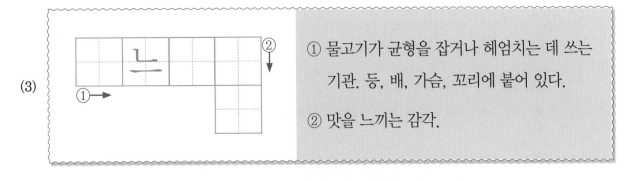

① 물고기가 균형을 잡거나 헤엄치는 데 쓰는 기관. 등, 배, 가슴, 꼬리에 붙어 있다.

② 맛을 느끼는 감각.

① 내가 다가가자 물고기가 (　　　)를 퍼덕거리며 도망갔다.

② 떡볶이 냄새가 (　　　)을 자극한다.

제4과 주장과 근거를 판단해요

1 논설문

글을 읽고 빈칸에 들어갈 낱말을 알맞게 쓰세요.

논설문은 글쓴이가 어떤 문제에 대해 자신의 생각이나 주장을 밝히는 글이다.

보통 글은 처음, 가운데, 끝 세 부분으로 나눈다. 논설문도 세 부분으로 나누며 '(1) [   ], 본론, 결론'이라 부른다.

(1) [   ] 에서는 글을 쓰게 된 문제 상황과 글쓴이의 주장을 밝힌다. 본론에서는 적절한 (2) [   ]를 들어 주장을 (3) [   ].
결론에서는 내용을 (4) [   ] 자신의 주장을 다시 한번 강조한다.

(1) 말이나 글에서 본론으로 가는 맨 앞부분.

ㅅ ㄹ

(2) 어떤 주장이나 의견에 대한 이유.

ㄱ ㄱ

(3) 옳다고 인정받도록 도와주며 설명한다.

ㄷ 바 치 한 다

(4) 말이나 글에서 중요한 내용을 뽑아 정리하고.

ㅇ ㅇ 하 고

2 무슨 낱말일까요?

(1) 사람이 산에서 큰 소리를 내면 동물들은 | 스 | | | 스 | 를 받는다.

    * 적응하기 어려운 환경에서 받게 되는 심리적 긴장, 불안.

(2) 너의 이런 나쁜 | 스 | 서 | 은 하루라도 빨리 고치는 것이 좋겠다.

    * 오랫동안 되풀이하여 저절로 익혀진 성질.

(3) 동물원에 갇혀 있는 동물들은 | ㅇ | ㅅ | 을 잃었다.

    * 자연 또는 본능 그대로의 거친 성질.

(4) 빨리 먹을 수 있다고 | ㅈ | 서 | 음식을 즐겨 먹으면 건강을 해칠 수 있다.

    * 바로 지금 그 자리. ○○ 음식: 그 자리에서 쉽고 편하게 먹을 수 있는 음식.

(5) 버섯은 | ㅎ | 암 | 효과가 뛰어난 식물이다.

    * 암세포가 늘어나지 않게 하거나 암세포를 죽임.

(6) 조상에게서 우리는 | ㄱ | ㅅ | 강 | 산 | 을 물려받았다.

    * '비단에 수를 놓은 것처럼 아름다운 자연'이라는 뜻으로, 우리나라의 자연을 비유적으로 이르는 말.

(7) 　ㅇ　ㅍ　류　는 잘 익혀 먹어야 안전하다.

* 물고기나 조개 종류.

(8) 자연은 한번 파괴되면 　보　워　하기 어렵다.

* 원래대로 되돌림.

(9) 인간의 실수로 자연이 　　　여　되는 것은 순식간이다.

* 공기나 물, 환경 등이 더러워짐.

(10) 점점 　아　화　되는 자연환경을 우리가 지켜야 한다.

* 점점 나빠짐.

(11) 우리나라의 강수량은 　푸　ㅂ　하　지　않다.

* 넉넉할 정도로 많지.

(12) 자연은 우리의 영원한 　아　시　처　다.

* 편안하게 쉴 수 있는 곳.

(13) 우리의 자연환경을 더 이상 　ㅁ　부　벼　하게 망쳐서는 안 된다.

* 바른 생각이나 판단이 없음.

3 비슷한말, 반대말

밑줄 친 낱말의 비슷한말이나 반대말을 빈칸에 쓰세요.

(1)
방금까지는 너희가 공격했으니까 이제부터는 우리가 공격하겠다.

이제는 너희가 [반] ☐ ☐ 어 할 차례다.

(2)
잘못된 것을 좋게 고치는 것을 '개선'이라고 한다.

고쳐서 오히려 나빠지게 하는 것은 '[반] 개 ☐ 아 '이라고 한다.

(3)
우리는 선조에게서 아름다운 자연을 물려받았다.

이 자연을 그대로 [반] 후 ☐ 소 에게 물려주어야 한다.

(4)
음식은 짜지 않게 먹는 것이 몸에 좋다.

또 많이 먹는 것보다 모자란 듯 먹는 것이 몸에 [비] 이 ☐ 로 다 .

(5)
논설문을 쓸 때에는 자신의 주장을 뒷받침하는 까닭을 밝혀야 한다.

[비] ㄱ ☐ ㄱ 없는 주장은 상대가 받아들이지 않는다.

(6)
음식의 맛을 내기 위해 사람이 만든 것을 '인공 조미료'라고 한다.

[반] 처 ☐ 여 조미료를 쓴 음식이 몸에 좋다.

4 -적

-적(的)	'어떤 것에 관계된', '그 성격을 띠는 것'의 뜻.
	예) 나는 이 건물이 전체적으로 마음에 든다.

빈칸에 '-적'이 들어간 낱말을 알맞게 쓰세요.

(1) 친한 사람과 함께하더라도 일은 ｜ㄱ｜관｜ ｜ 으로 해야 한다.

* 개인의 생각이나 감정에 치우치지 않고 사건을 있는 그대로 보거나 생각하는 것.

(2) 독후감은 ｜ㅈ｜관｜ ｜ 감상을 바탕으로 쓰는 것이 좋다.

* 자기의 느낌과 생각을 기초로 하는.

(3) 이 광고에 거짓은 없는지 ｜ ｜판｜ ｜ 으로 잘 살펴보아라.

* 옳고 그름, 좋고 나쁨에 대해 판단하는 것.

(4) 강물은 ｜새｜ㅌ｜ ｜ 으로 흘러야 그 안에 사는 생물들이 건강하다.

* 생물이 살아가는 생활 상태 그대로와 관계있는 것.

(5) 농민들은 이번 태풍에 ｜직｜ㅈ｜ ｜ 으로 피해를 받았다.

* 다른 것을 거치지 않고 바로 영향을 주는 것.

5 무슨 뜻일까요?

밑줄 친 낱말의 알맞은 뜻을 찾아 번호를 쓰세요.

(1) 어머니께서 끓여 주신 찌개가 <u>감칠맛</u>이 돈다.   (   )

　① 설익은 감의 맛처럼 거세고 텁텁한 맛.

　② 음식물이 입에 당기는 듯이 맛깔스러운 맛.

(2) 만일 이곳에 댐을 건설하면 <u>갖은</u> 문제가 발생할 것이다.   (   )

　① 여러 가지의.

　② 좋지 않은.

(3) 그 숲에는 <u>아름드리나무</u>들이 많다.   (   )

　① 둘레가 한 아름(두 팔을 둥글게 모아서 만든 둘레)이 넘는 큰 나무.

　② 하늘을 가릴 듯이 키가 쭉쭉 뻗은 나무.

(4) 자연 파괴가 계속되면 우리가 <u>감당하지</u> 못하게 된다.   (   )

　① 책임지지.

　② 이용하지.

(5) 그렇게 <u>모호한</u> 태도를 보이지 말아라.   (   )

　① 예의없는.

　② 말이나 태도가 분명하지 않은.

(6) 자연은 우리의 <u>터전</u>이다.   (   )

　① 생활하며 살아가는 곳.

　② 생명을 유지하게 하는 것.

6 바르게 쓰기

 바르게 쓴 낱말에 동그라미 하세요.

(1) | 친구들은 미진이의 주장을 (곰곰이 / 곰곰히) 생각해 보았다.

(2) | (멍게 / 멍개)를 넣은 비빔밥은 통영의 특산물이다.

(3) | 동물은 사람의 (눈요기거리 / 눈요깃거리)가 아니다.

(4) | 반찬을 골라 먹으면 안 되듯이 책도 한 (갈래 / 갈레)의 책만 읽어서는 안 된다.

잘못 쓴 부분에 밑줄을 긋고 바르게 고쳐 쓰세요.

(5) 전통음식은 실증이 나지 않는다.

_____

(6) 매일 균형 잡힌 영양분을 섭치하는 것이 중요하다.

_____

(7) 상처가 깊지 않으니까 괜찬을 거야.

_____

7 대자연

다음 낱말 뜻을 보고 빈칸에 들어갈 낱말을 쓰세요.

인간은 오랜 세월에 걸쳐 수많은 (1) ▢ 을 해 왔다. 이것은 인간의 삶을 편하게 해 주었지만, 자연과 인간에게 피해도 안겨 주었다.

우선 (2) ▢ 가 훼손되고 있다. 산골짜기에 (3) ▢ 을 지어 많은 동식물들이 (4) ▢ 할 곳을 잃었다. 길을 내려고 만든 (5) ▢ 때문에 동물들이 살 곳을 잃어 (6) ▢ 가 무너지고 있다.

또 물도 오염되었다. 집이나 공장에서 나오는 (7) ▢ 때문에 물과 (8) ▢ 이 오염되고, 그것이 스며들어 (9) ▢ 까지 썩고 있다.

바다 역시 안전하지 않다. 오늘날 바다는 인간이 버린 쓰레기로 넘치고 있다. 음식 쓰레기, 가축의 배설물, 건축 쓰레기까지 마구 버리고 있는데 그중에서도 오늘날 가장 심각한 것은 (10) ▢ 이다. 물고기 몸에서는 물론이고 소금에서도 나와 그 작은 것들이 우리 식탁까지 위협하고 있다. 그런 까닭에서 '(10) ▢ 의 (11) ▢' 이라는 말까지 생겼다.

지금이 자연을 생각해야 하는 마지막 기회다. 인간의 편의를 위해 (1) ▢ 하는 것도 좋지만 그 못지않게 자연의 (12) ▢ 도 중요하다.

(1) 천연자원을 쓸모 있게 또는 더 쓸모 있게 만드는 행위.

ㄱ	발

(2) 대자연의 넓고 큰 땅.

	지

(3) 수력 발전 등을 위해 강이나 바닷물의 흐름을 막기 위해 만든 둑.

ㄷ

(4) 생물 따위가 일정한 곳에 자리를 잡고 삶.

서 ㅅ

(5) 산이나 강, 바다의 밑을 뚫어서 만든 통로.

ㅌ ㄴ

(6) 생물들이 조화를 이루며 살아가는 자연의 세계.

ㅅ ㅌ 계

(7) 쓰고 난 뒤에 버리는 물.

ㅍ ㅅ

(8) 지구의 표면을 덮고 있는 흙.

ㅌ 야

(9) 땅속 깊은 곳에 차 있는 물.

ㅈ 수

(10) 석유에서 뽑아낸 성분으로 만든, 변형 가능한 물질.

라 틱

(11) 공격을 받고 있던 쪽에서 기회를 엿보고 있다가 반대로 공격하는 것.

여 ㅅ

(12) 원래대로 보호하여 유지함.

ㅂ 저

8 낱말 뜻풀이

🙂 **빈칸에 알맞은 낱말을 넣어서 밑줄 친 말의 뜻을 풀이하세요.**

(1) 우리나라의 <u>산천</u>은 너무나 아름답다.

＊산천: 산과 시내라는 뜻으로, | ㅈ | ㅇ | 을 이르는 말.

(2) 자연은 <u>자정</u> 능력이 있다.

＊자정: 오염된 상태에서 | ㅅ | ㅅ | ㄹ | 의 힘으로 깨끗해짐.

(3) 최근 <u>지구 온난화</u> 때문에 이상한 현상이 자꾸 일어난다.

＊지구 온난화: 지구의 평균 | ㄱ | ㅗ | 이 올라가는 것.

(4) 조상들은 삼국 시대부터 <u>염장</u> 기술로 고기류와 어패류를 오랫동안 보관해 먹었다.

＊염장: | | ㄱ | 에 절여 저장함.

(5) 우리 조상들은 이웃과 함께 <u>세시</u> 음식을 즐겨 먹었다.

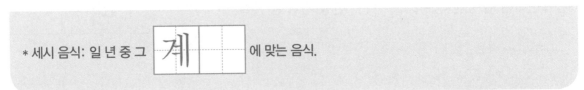

＊세시 음식: 일 년 중 그 | 계 | | 에 맞는 음식.

(6) 지구 온난화는 인간이 <u>초래한</u> 일이다.

＊초래한: | 겨 | ㄱ | 를 가져오게 한.

9 같은 소리, 다른 뜻

 다음 문장을 읽고, 괄호 안에 공통으로 들어갈 말을 빈칸에 쓰세요.

(1) | 다 | 저 |

① 내 말도 듣지 않고 너무 일찍 ( )짓지 마!

＊ 딱 잘라서 판단하고 결정함.

② 수민이는 늘 ( )하다.

＊ 옷차림새나 몸가짐 따위가 얌전하고 바르다.

(2) | 시 | 人 |

① 냉장고 덕분에 일 년 내내 ( )한 채소를 먹을 수 있다.

＊ 과일, 생선 따위가 싱싱함.

② 나무꾼 앞에 ( )이 나타났다.

＊ 자연에 살면서 도술을 부리고 영원히 죽지 않는다는 사람.

(3) | 다 | 배 |

① 우리 전통 음식은 외국 음식보다 ( )하다.

＊ 맛이 느끼하지 않고 깔끔하다.

② 내 친구 준명이는 거짓이 없고 ( )한 친구다.

＊ 욕심이 없고 순박한.

(4) | | 독 |

① 뱀에 물린 농부는 ( )을 위해 병원으로 실려갔다.

＊ 독의 기운을 풀어 없앰.

② 이 문장의 내용이 무엇인지 ( )해 보아라.

＊ 어려운 문구나 문장 따위를 풀어서 읽음.

10 띄어쓰기

괄호 안의 숫자는 띄어쓰기 횟수입니다. 띄어 써야 할 곳에 V표를 하세요.

(1) 자연은한번파괴되면복원하기가어렵다.(4)

(2) 더이상무분별한개발로금수강산을훼손해서는안된다.(7)

(3) 세계곳곳에서벌어지는자연개발은우리삶을위협한다.(7)

(4) 서울동물원에만한해평균350만명이방문한다.(7)

(5) 오염된환경을되살리는데는수십수백배의시간과노력이든다.(9)

(6) 우리전통음식은그맛과멋과영양의삼박자를모두갖추고있다.(10)

(7) 전통음식을가까이하면계절과지역에따라다양한맛을즐길수있다.(10)

제 5 과   속담을 활용해요

1 협동

協 同

모을 **협** 한가지 **동**

서로 마음과 힘을 하나로 모음.

예) 이웃들과 <u>협동</u>하여 마을에 내린 눈을 치웠다.

아래 문장을 읽고 '모을 협(協)'이 들어가는 낱말을 생각해 보세요.

(1) 우리 교실을 어떻게 꾸밀지 친구들이 모여 [| ㅇ] 했다.

　　* 여럿이 모여 의논함.

(2) 이 일은 나 혼자 하기 어려우니까 우리 모두 [| 려] 하자.

　　* 서로 돕는 마음으로 힘을 모음.

(3) 어려운 이웃을 돕는 일이니 모두 [| ㅈ] 해 주시기 바랍니다.

　　* 남이 하는 일에 힘을 보태어 도움.

(4) 우리나라와 일본은 독도 문제에 대해 [| 사]을 하기로 했다.

　　* 두 나라 이상이 어떤 일을 조정하는 토의.

2 무슨 낱말일까요?

빈칸에 알맞은 낱말을 넣어 문장을 완성하세요.

(1)  을 이용하여 말을 하거나 글을 쓰면 자신의 생각을 효과적으로 나타낼 수 있다.

    * 예로부터 사람들 사이에 전해 내려오는 짧고 지혜로운 말.

(2) 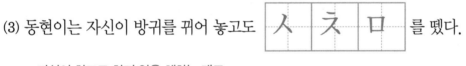 계획 말고 있는 계획을 짜 봐.

    * 헛되고 황당하여 믿기 어려운.   * 실제 이루어질 가능성.

(3) 동현이는 자신이 방귀를 뀌어 놓고도 를 뗐다.

    * 자신이 하고도 하지 않은 체하는 태도.

(4) 까마귀가 하늘에서 한참 을 돌았다.

    * 제자리에서 뱅글뱅글 도는 짓.

(5) 올해 농사가 잘되어 포도가 열렸다.

    * 허술하지 않고 매우 빈틈없이 알차게.

(6) 그물에 걸린 여우는 어떻게 빠져나갈지 를 했다.

    * 일을 처리하기 위하여 마음속으로 이리저리 따져 깊이 생각함.

3 속담 속 낱말

 뜻풀이를 보고 빈칸에 알맞은 낱말을 넣어 속담을 완성하세요.

(1)  범 무서운 줄 모른다.

→ 철없이 함부로 덤빈다.

* 태어난 지 얼마 안 되는 어린 강아지.

(2)  모아 태ㅅ.

→ 아무리 작은 것이라도 모으고 모으면 나중에 큰 덩어리가 된다.

* 공기 중에 섞여 날리는 아주 작은 먼지.
* 매우 높고 큰 산.

(3)  이 많으면 배가 산으로 간다.

→ 여러 사람이 자기주장만 내세워 일이 제대로 되기 어렵다.

* 배에서 노를 젓는 사람.

(4) 구르는 돌은  가 끼지 않는다.

→ 부지런하고 꾸준히 노력하는 사람은 뒤처지지 않고 계속 발전한다.

* 그늘이 지고 습기가 많은 곳에서 자라며, 잎사귀와 줄기가 잘 구별되지 않는 식물.

4 속담의 뜻

속담과 그 뜻을 바르게 짝지으세요.

가는 말이 고와야 오는 말이 곱다.	일이 일단 잘못되고 나면 나중에 아무리 손을 써도 소용이 없다.
지렁이도 밟으면 꿈틀한다.	어떤 일이나 시작이 중요하다.
천 리 길도 한 걸음부터.	어떤 일이든 끝까지 해야 성공할 수 있다.
세 살 적 버릇이 여든까지 간다.	내가 남에게 행동을 좋게 해야 남도 나에게 좋게 한다.
소 잃고 외양간 고친다.	순하고 좋은 사람이라도 너무 업신여기면 가만있지 않는다.
우물을 파도 한 우물만 파라.	어릴 때 몸에 밴 버릇은 늙어서도 고치기 어렵다.

호랑이에게 물려 가도 정신만 차리면 산다. •	• 아무리 익숙하고 잘하는 사람이라도 간혹 실수한다.
까마귀 고기를 먹었나. •	• 아주 쉬운 경우를 비유적으로 이르는 말.
원숭이도 나무에서 떨어진다. •	• 아무리 위험한 일을 당해도 정신만 차리면 위기를 벗어날 수 있다.
호랑이도 제 말 하면 온다. •	• 실현성이 없는 허황된 계산은 도리어 손해만 가져온다.
누워서 떡 먹기. •	• 무엇인가 잘 잊어버리는 사람을 놀릴 때 사용하는 말.
백지장도 맞들면 낫다. •	• 다른 사람에 대한 이야기를 할 때, 우연히 그 사람이 나타나는 경우를 비유적으로 이르는 말.
독장수구구는 독만 깨뜨린다. •	• 아무리 쉬운 일이라도 힘을 모으면 훨씬 더 쉽고 효과적이다.

5 무슨 뜻일까요?

(1) 개천에서 용난다.　　　　　　　　　　　　　　　(　　)

　　① 시내보다 크지만 강보다는 작은 물줄기.

　　② 강보다 크지만 바다보다는 작은 물줄기.

(2) ㉠ 낙숫물이 ㉡ 댓돌을 뚫는다.　　　　　　　(　　), (　　)

　㉠ ┌① 처마에서 떨어지는 빗물.
　　 └② 세차게 떨어지는 빗물.

　㉡ ┌① 떨어지는 빗물에 땅이 파이지 않도록 집채(집의 한 덩이) 주변에 돌려 가며 놓은 돌.
　　 └② 모가 나지 않고 둥근 돌.

(3) 우물에 가 숭늉 찾는다.　　　　　　　　　　　　(　　)

　　① 밥을 푸고 난 솥에 물을 부어 끓인 것.

　　② 식혜를 이르는 말.

(4) 가랑비에 옷 젖는 줄 모른다.　　　　　　　　　(　　)

　　① 세차게 내리는 비.

　　② 가늘게 내리는 비.

(5) 까마귀는 염라대왕 앞에서 대령하고 있었다.　　(　　)

　　① 윗사람 앞에서 몸을 숙여 인사를 함.

　　② 윗사람의 지시나 명령을 기다림.

6 비슷한 속담

 빈칸에 낱말을 넣어 속담을 완성하고, 비슷한 뜻의 속담끼리 선을 그으세요.

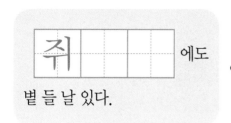 에도 볕 들 날 있다. •

• 바늘 가는 데  간다.

 보다 코가 크다. •

• 태ㅅ 을 넘으면 평지를 본다.

천 리 길도 한 걸음부터. •

• 응달에도 햇빛 드는 날이 있다.

구름 갈 제 ㅂ 가 간다. •

• 배보다 ㄲ 이 크다.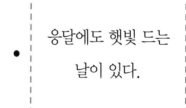

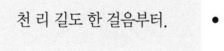 생 끝에 낙. •

• 시작이 ㅂ 이다.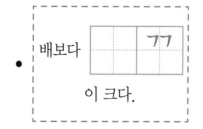

7 속담의 활용

아래 상황과 가장 잘 어울리는 속담을 찾아 번호를 쓰세요. 단, 빈칸을 채워 속담을 완성하세요.

(1)	동민이가 노래를 무척 잘한다며 친구들과 이야기를 나누고 있었다. 그런데 바로 그때 동민이가 문을 열고 나타났다.	( )
(2)	하굣길에 만난 동생이 나에게 물었다. "형, 오늘 아침에 선생님께 혼났다며?"	( )
(3)	"야, 그 공 좀 던져 줘." 처음 본 아이가 반말을 했다. 기분이 나빠 나도 반말을 했다. "야, 네가 주워."	( )
(4)	친구 생일 선물을 3천 원 주고 샀다. 그런데 아주머니께서 포장비로 5천 원을 달라고 하셨다.	( )
(5)	어머니께서 낡은 양산을 쓰고 다니시는 모습을 보았다. 그래서 나는 1년 동안 용돈을 모았다. 얼마 안 되는 돈이었지만 모으니 양산을 살 수 있었다.	( )

(6) 현성이는 자전거를 대충 세워 두고 집에서 숙제를 했다. 잠시 뒤 자전거를 찾아보았지만 누가 자전거를 훔쳐 간 뒤였다. 현성이는 앞으로 자전거를 잃어버리지 않으려고 자물쇠를 샀다. (　　)

(7) 민우와 학교 앞에서 5시에 만나기로 약속했다. 그런데 5시가 지나도 민우가 나타나지 않았다. 전화를 걸어 보니 민우는 약속 자체를 잊고 있었다. (　　)

① 소 잃고 　　　 고친다.

② 가는 　 이 고와야 오는 　 이 곱다.

③ 　 없는 말이 천 리 간다.

④ 배보다 　　 이 크다.

⑤ 　　　 고기를 먹었나.

⑥ 　　　 도 제 말 하면 온다.

⑦ 티끌 모아 　　 .

8 십자말풀이

낱말 뜻풀이를 읽고, 괄호 안에 들어갈 낱말을 빈칸에 넣어 십자말풀이를 완성하세요.

(1)
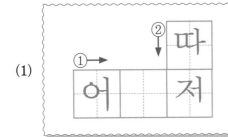

① 해산물을 파는 가게.

② 앞에 닥친 일과는 전혀 관계없는 일이나 행동.

① ( ) 망신은 꼴뚜기가 시킨다.

② 혁수가 쓰러졌는데도 민우는 ( )을 피우고 있었다.

(2)

① 나라와 나라 사이의 경계선.

② 어떠한 처지나 형편.

① 그는 ( )을 지키는 병사였다.

② 어쩌다 이 ( )이 되었니?

(3)

① 마음을 어지럽고 혼란스럽게 하는 말이나 행동.

② 죄인이 마음대로 움직이지 못하게 양쪽 손목에 채우는 쇠붙이.

① 아무것도 아닌 것을 가지고 왜 이렇게 ( )을 떠니?

② 경찰은 도둑에게 ( )을 채웠다.

함께 연극을 즐겨요

1 연극

演 劇
펼칠 **연**   연극 **극**

배우가 극본에 따라 말과 몸짓으로 이야기를 펼쳐 관객에게 보여주는 무대 예술.

설명을 읽고, '연극 극(劇)' 자가 들어간 낱말을 찾아 쓰세요.

(1) 아주 짧은 연극.

(2) 대사 없이 표정과 몸짓만으로 내용을 전달하는 연극.

(3) 죽음, 이별 같은 것으로 슬프게 끝나는 연극.

(4) 판소리 형식을 빌려 만든 우리나라 고유의 연극.

(5) 관객에게 즐거움과 재미를 주는 연극.

보기   비극   창극   무언극   희극   촌극

2 무슨 낱말일까요?

빈칸에 알맞은 낱말을 넣어 문장을 완성하세요.

(1) 준이는 파브르 | ㅈ | ㄱ | 문 | 을 읽고 곤충에 관심이 생겼다.

  * 한 사람의 일생과 업적을 적은 글.

(2) 지수는 할머니의 | ㅂ | 환 | 이 빨리 낫기를 간절히 기도했다.

  * '병'의 높임말.

(3) 아버지께서 | | ㄴ | ㄹ | 를 부르시며 세차를 하셨다.

  * 코로 소리를 내어 부르는 노래.

(4) 청하는 | 캐 | ㅂ | 스 | 에 해바라기를 그렸다.

  * 유화(기름이 섞인 물감을 사용하여 그리는 그림)를 그릴 때 쓰는 천.

(5) 그렇게 | 구 | ㅂ | 이 | 처럼 걷다가는 오늘도 지각이야.

  * 매미의 애벌레로, 동작이 느린 사람을 빗대어 이르는 말.

(6) 할아버지는 | 두 | ㄹ | 마 | ㄱ | 를 입고 외출하셨다.

  * 저고리 위에 덧입는 옷.

70 훈민정음 6-1

(7) ｜아｜ｇ｜ 가 뒤덮여 마을이 잘 보이지 않았다.

  * 작은 물방울들이 땅 위에 연기처럼 뿌옇게 떠 있는 것.

(8) 온라인 게임에 중독되면 현실과 ｜ｇ｜사｜ 세계를 혼동할 수 있다.

  * 진짜가 아니고 생각으로 지어낸 것. 🔁 실재

(9) 은결이는 요즘 마술에 ｜ㅎ｜ｇ｜심｜ 이 생겼다.

  * 새롭고 신기한 것을 알고 싶어 하는 마음.

(10) 우리는 교장 선생님께 ｜ㅇ｜ㅌ｜뷰｜ 를 요청했다.

  * 필요한 내용을 얻으려고 사람을 만나 이야기하는 일.

(11) 나래는 눈이 ｜ㅎ｜두｜ㄱ｜레｜져｜ 사방을 둘러보았다.

  * 놀라거나 두려워서 눈이 크고 둥그렇게 되어서.

(12) 물이 끓자, 주전자 ｜ㅈ｜두｜이｜ 에서 김이 모락모락 피어올랐다.

  * 병이나 그릇에서, 안에 담긴 것을 쉽게 따르기 위해 좁고 길쭉하게 만든 부분.

(13) 우리는 ｜이｜사｜ 에서 겪었던 일을 극본으로 만들었다.

  * 매일 반복되는 보통의 일.

3 극본

🐱 빈칸에 알맞은 낱말을 찾아 쓴 다음, 아래 글에서 밑줄 친 부분에 해당하는 것을 쓰세요.

연극을 하려고 쓴 글을 (1)☐☐이라고 한다. 이 글에서 인물이 직접 하는

말을 (2)☐☐, 괄호 안에 쓰여 인물의 행동이나 표정, 말투 등을 나타내는

것을 (3)☐☐, 때, 곳, 나오는 사람 등을 설명하는 부분을 (4)☐☐

이라고 한다.

보기   해설   극본   지문   대사

(5)
> • 때: 봄   • 곳: 놀부의 집 마당
> • 나오는 사람들: 흥부, 놀부 아내
> 막이 열리면 놀부 아내가 부엌에서 주걱으로 밥을 푸고 있다.
> 조금 뒤, 흥부가 마당으로 들어서며 소리친다.

흥부: (6) <u>형님, 저 왔어요. 흥부요.</u>

놀부 아내: (7) <u>(화난 목소리로)</u> 형님 없으니, 얼른 나가세요.

흥부: 형수님, 온 가족이 쫄쫄 굶고 있어요. 쌀 좀 꿔 주세요.

놀부 아내: (7) <u>(들고 있던 주걱으로 흥부의 뺨을 때린다.)</u>

(5)☐☐

(6)☐☐

(7)☐☐

4 연극을 해요

이야기를 읽고 빈칸에 들어갈 낱말을 쓰세요.

오늘은 학예회가 있는 날이다. 이번 (1) [   ] 을 위해 우리 모둠은 한 달 내내 연습했다. 막이 오르자 (2) [   ] 에 흥부네 열한 식구가 사는 방이 나왔다. 나는 흥부의 여덟째 아들을 맡았다. (3) [   ] 에 불이 켜지면 터덜터덜 걸어 나와 "아버지, 배고파요!" 하고 말한 뒤 (4) [   ] 해야 한다.

마지막 학예회라 그런지 (5) [   ] 하러 오신 부모님이 많았다. 나는 너무 떨려서 대사를 잊고 "아버지, 배 아파요?" 하고 말했다. 여기저기서 (6) [   ] 들의 웃음소리가 들렸다. 무척 창피했지만 잊지 못할 추억으로 남을 것 같다.

(1) 연극, 무용, 음악 따위를 많은 사람 앞에서 보이는 일.

ㄱ	여	

(2) 영화를 비추는 흰 막.

ㅅ	ㅋ	린

(3) 연극, 노래 들을 하려고 구경꾼 앞에 조금 높게 마련한 넓은 자리.

ㅁ	ㄷ	

(4) 연극에서 등장인물이 무대 밖으로 나가는 것. 🔄 등장

ㅌ	ㅈ	

(5) 연극이나 영화, 미술품 따위를 보며 즐기는 것.

과	ㄹ	

(6) 연극이나 영화, 공연 따위를 보거나 듣는 사람.

과	ㄱ	

5 어울리는 말

빈칸에 알맞은 말을 넣은 다음, 그 뜻을 찾아 줄을 그으세요.

(1) [　　　　] 가 처지다. ●   ● 여럿이 짜고 똑같이 말하다.

(2) [　　　　] 을 맞추다. ●   ● 못마땅해하다.

(3) [　　　　] 을 치다. ●   ● 실망하여 풀이 죽고 기가 꺾이다.

(4) [　　　　] 를 차다. ●   ● 아는 사람이 많아 활동 범위가 넓다.

(5) [　　　　] 이 넓다. ●   ● 어떤 일에 찬성하거나 좋아하다.

보기   손뼉   혀   어깨   발   입

6 무슨 뜻일까요?

밑줄 친 낱말의 알맞은 뜻을 찾아 번호를 쓰세요.

(1) 선생님의 <u>격려</u> 덕분에 우리는 도전할 용기가 생겼다.　　　　　(　)

　　① 말이나 행동으로 용기를 북돋워 주는 것.

　　② 좋은 점이나 착한 일을 높이 평가하는 것.

(2) 형은 성적표를 보더니 <u>침울한</u> 표정이 되었다.　　　　　　(　)

　　① 밝고 쾌활한.

　　② 걱정이나 근심에 잠겨 마음이 무거운.

(3) 몸이 불편한 친구를 위해 3년 동안 가방을 들어주다니, 정말 <u>장하다</u>.　(　)

　　① 착하고 예의 바르다.

　　② 훌륭해서 칭찬할 만하다.

(4) 어머니는 내 마음을 <u>속속들이</u> 알고 계신다.　　　　　(　)

　　① 깊은 속까지 샅샅이.

　　② 자세하지 않고 적당히.

(5) 수많은 별이 밤하늘을 <u>찬란하게</u> 수놓았다.　　　　　(　)

　　① 빛깔이 매우 화려하고 아름답게.

　　② 빛깔이 진하지 않고 옅게.

(6) 성민이는 호기심 <u>어린</u> 표정으로 책장을 넘겼다.　　　　　(　)

　　① 감정이나 마음을 숨긴.

　　② 감정이나 마음이 드러난.

7 십자말풀이

가로 열쇠와 세로 열쇠를 잘 읽고, 빈칸을 채우세요.

		(1)		(11)비	
	(2)	색			
(3)		(10)			
		(9)	별		
(4)	(5)			(8)	
			(7)		
	(6)				

가로 열쇠

(2) 생각이나 감정이 얼굴에 드러나는 것.

(3) 해가 지고 어둑해질 때.

(4) 종이를 접어서 만든 학.

(6) 얇게 살짝 언 얼음.

(7) 조선 시대에 지은 성. 수원에 있다.

(8) 말과 행동을 이르는 말. 예 ○○일치.

(9) 헤어지게 된 것을 알리는 것.

(10) '동쪽에서 불어오는 바람'의 토박이말.

(11) 산이나 언덕처럼 기울어진 곳.

세로 열쇠

(1) 태도를 바꾸어 엄격한 표정을 짓는 것.

(2) 이미 결혼함. 반 미혼

(3) 피부색이 누런 사람들의 종류.

(5) 이마에 잡힌 주름살.

(7) 서로 다른 음이 함께 어울려 나는 소리.

(8) 말하는 목소리. 예 ○○을 높이다.

(9) 돈을 스스로 벌어 고생하며 배우는 것.

(10) 미래에 크게 될 사람을 비유적으로 이르는 말. 예 음악계의 ○○.

(11) 비가 내리면서 부는 바람.

제6과 내용을 추론해요

1 누구일까요?

다음은 궁궐에 살거나, 출입하던 사람에 대한 설명입니다. 빈칸에 알맞은 이름을 쓰세요.

(1) 왕의 아내.

(2) 왕의 소실.

　　* 소실: 정식 아내 외에 데리고 사는 여자.

(3) 왕의 자리를 이을 왕자.

(4) 왕과 첫 번째 아내가 낳은 아들. 예 충녕○○

(5) 임금의 명령으로 다른 나라에 가는 신하.

(6) 임금의 시중을 들던 남자.

(7) 궁궐에서 왕의 가족을 모시고, 궁중의 일을 맡아 보던 여자.

2 무슨 낱말일까요?

빈칸에 알맞은 낱말을 넣어 문장을 완성하세요.

(1) 일제 | 가 | 저 | 기 | 에, 일본은 우리에게 한글을 쓰지 못하게 했다.

　　* 남의 물건, 영토, 권리 따위를 강제로 빼앗아 차지하고 있는 기간.

(2) 이 성당은 백 년 전에 | 거 | 축 | 되었다.

　　* 집이나 다리 같은 것을 짓는 것.

(3) 119 구조대원 덕분에 | 위 | 기 | 에 처한 고양이를 살릴 수 있었다.

　　* 아주 위험한 고비.

(4) 옛날에는 | 신 | 분 | 에 따라 입는 옷이 달랐다.

　　* 사람이 사회에서 지니는 지위.

(5) 경복궁은 '큰 복을 누리며 | 번 | 성 | 하라'는 뜻을 지녔다.

　　* 하는 일이 잘 되는 것.

(6) 창경궁은 여러 차례 큰 화재로 건물이 파괴되는 | 수 | 난 | 을 겪었다.

　　* 어렵고 힘든 일을 당하는 것.

(7) 조선 말기, 고종 임금은 [ㄱ | ㅈ] 를 경복궁에서 덕수궁으로 옮겼다.

* 일정하게 자리를 잡고 머무는 곳.

(8) 이 영화는 청각 장애인을 위하여 [ㅈ | 마] 서비스를 하고 있다.

* 영화나 텔레비전 따위에서 보는 사람이 읽을 수 있도록 화면에 비추는 글자.

(9) 빗물 떨어지는 소리로 비 오는 [ㅎ | ㄱ] 를 주었다.

* 소리나 영상 따위로 그 장면을 더욱 실감 나게 만드는 일.

(10) [퍼 | ㅈ] 만 끝나면 학교 홍보 영상물이 완성된다.

* 영화 필름이나 녹음테이프, 문서 따위를 하나의 작품으로 완성하는 일.

(11) 어머니는 음악을 들으며 [ㅇ | 가] 를 즐기신다.

* 일하다 생기는 한가한 시간.

(12) 전통적인 혼례 [ㅇ | 시] 은 이제 보기 힘든 광경이 되었다.

* 행사를 치르는 일정한 방식. 또는 정해진 방식에 따라 치르는 행사.

(13) 경회루는 연못 중앙에 섬을 만들고 그 위에 지은 [ㄴ | 각] 이다.

* 사방을 볼 수 있도록 문과 벽이 없이 높이 지은 집.

3 십자말풀이

낱말 뜻풀이를 읽고, 괄호 안에 들어갈 낱말을 빈칸에 넣어 십자말풀이를 완성하세요.

(1)
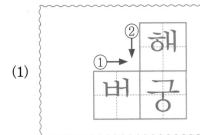

① 임금이 사는 궁궐.

② 임금이 나들이 때 머물던 궁궐.

① 경복궁은 조선 왕조의 (　　　)이다.

② 임금은 전국에 (　　　)을 짓고 휴양처나 피난처로 사용했다.

(2)
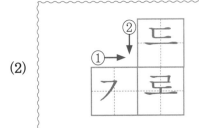

① 보고 듣고 겪거나 생각한 것을 적어 두는 것.

② 단체나 기관 따위의 문서에 이름을 올리는 것.

① 난중일기에는 임진왜란 당시의 상황이 자세히 (　　　)되어 있다.

② 수원 화성은 유네스코 세계 문화유산으로 (　　　)되었다.

(3)
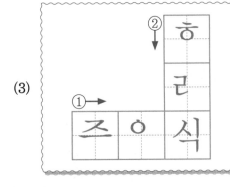

① 임금 자리에 오르는 것을 알리려고 치르는 의식.

② 부부가 됨을 여러 사람 앞에서 약속하는 의식.

① 경복궁 근정전에서 세종 대왕의 (　　　)을 재현하였다.

② 이모는 다음 주에 (　　　)을 치르신다.

4 건축

다음은 건축과 관계있는 낱말입니다. 설명에 알맞은 낱말을 쓰세요.

(1) 공사를 완성하는 것.

와	ㄱ

(2) 어떤 것을 만들려고 생김새, 크기 따위를 그림으로 나타내는 것.

서	ㄱ

(3) 일정한 계획에 따라 인공적으로 만든 물건. 탑, 다리 등이 있다.

ㄱ	ㅈ	물

(4) 물을 얻기 위해 땅을 파고 물이 고이게 만든 것.

ㅇ	ㅁ

(5) 벽의 바깥쪽으로 내민 지붕의 부분.

처	ㅁ

(6) 집이나 건물을 지었거나 앞으로 지을 자리.

ㅌ

(7) 한옥에서, 방과 방 사이에 있는 큰 마루.

ㄷ	처	마	루

(8) 공원, 하수도처럼 사회 구성원 모두가 함께 쓰는 시설.

ㄱ	ㄱ	시	설

(9) 어떤 분야에 전문적인 기술을 갖춘 사람.

		자

5 동형어

모양은 같지만 뜻이 다른 낱말을 '동형어(同形語)'라고 합니다. 빈칸에 알맞은 동형어를 쓰세요.

(1) | ㅈ |

① 애국가는 1 _____ 만 부르기로 했다.
  * 한 곡에 둘 이상의 가사를 붙일 때, 그 한 부분.

② 할머니께서는 달마다 _____ 에 가신다.
  * 스님이 부처의 형상을 모시고, 부처의 가르침을 익히는 곳.

(2) | ㅎ | ㅇ |

① 아버지는 북한 이탈 주민을 _____ 하신다.
  * 사람이나 일을 뒤에서 돕는 것.   * 이탈: 어떤 곳에서 벗어남.

② 친구와 함께 덕수궁 _____ 을 거닐었다.
  * 대궐 또는 집 뒤에 있는 작은 정원.

(3) | ㅇ | ㄱ |

① 어머니는 _____ 이 올랐다며 좋아하셨다.
  * 일한 값으로 받는 돈.

② 의자왕은 백제의 마지막 _____ 이다.
  * 옛날에 나라를 다스리던 사람.

(4) | 저 | ㅇ |

① 이 버스는 승차 _____ 이 40명이다.
  * 정해진 사람 수.

② 할머니께서는 아침마다 _____ 에 물을 주신다.
  * 꽃과 나무를 심어 놓은 뜰.

6 다의어

한 낱말이 두 가지 이상의 관련된 의미로 쓰이는 낱말을 '다의어(多義語)'라고 합니다. 밑줄 친 낱말이 쓰인 뜻을 골라 번호를 적으세요.

| 저녁 | ① 해가 지고 밤이 되기까지의 사이. |
| | ② 저녁밥. |

(1) 아버지는 저녁 늦게까지 장사를 하신다.   (   )

(2) 나와 누나는 어머니 대신 저녁을 준비하기로 했다.   (   )

쌓다	① 여러 개의 물건을 포개어 놓다.
	② 돌, 흙 등을 포개어 담, 성, 탑 들을 만들다.
	③ 능력, 기술, 경험 들을 갖추다.

(3) 우리는 연주회에서 그동안 쌓은 실력을 마음껏 발휘하였다.   (   )

(4) 해찬이는 책상 위에 책을 쌓아 놓았다.   (   )

(5) 나는 돌탑을 쌓고 소원을 빌었다.   (   )

좋다	① 보통보다 우수하다.
	② 날씨가 맑거나 고르다.
	③ 효능이나 쓸모가 있다.

(6) 생강차는 감기에 좋다.   (   )

(7) 제현이는 집중력이 좋아서 책을 읽을 때 옆에서 불러도 잘 듣지 못한다.   (   )

(8) 햇볕이 좋아서 빨래가 잘 마른다.   (   )

7 낱말 뜻풀이

빈칸에 알맞은 말을 넣어서 밑줄 친 낱말의 뜻을 풀이하세요.

(1) 그 의궤에는 조선 시대 왕의 혼례 의식 절차가 기록되어 있다.

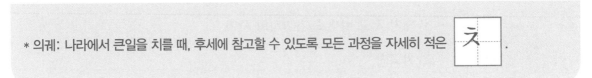

* 의궤: 나라에서 큰일을 치를 때, 후세에 참고할 수 있도록 모든 과정을 자세히 적은 [ㅊ].

(2) 전주에 있는 경기전은 태조 이성계의 어진을 모셔둔 곳이다.

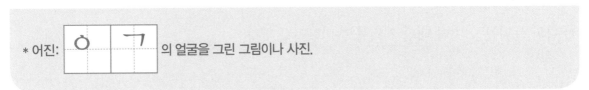

* 어진: [ㅇ][ㄱ] 의 얼굴을 그린 그림이나 사진.

(3) 용주사는 사도 세자의 명복을 빌려고 지은 절이다.

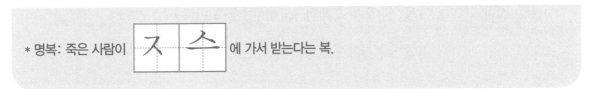

* 명복: 죽은 사람이 [ㅈ][ㅅ] 에 가서 받는다는 복.

(4) 태성이는 대통령이 되겠다는 원대한 꿈을 품고 있다.

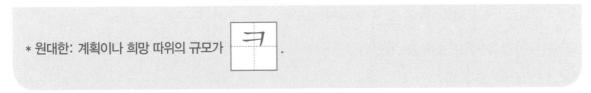

* 원대한: 계획이나 희망 따위의 규모가 [ㅋ].

(5) 그 절의 천장에는 연꽃무늬 단청이 그려져 있다.

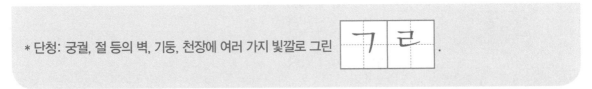

* 단청: 궁궐, 절 등의 벽, 기둥, 천장에 여러 가지 빛깔로 그린 [ㄱ][ㄹ].

(6) 동주는 성격이 원만하여 친구들과 잘 지낸다.

* 원만하여: 까다롭지 않고 [ㅂ][ㄷ][ㄹ][워].

8 무슨 뜻일까요?

밑줄 친 낱말의 알맞은 뜻을 찾아 번호를 쓰세요.

(1) 우리는 제목과 그림을 보고 책의 내용을 <u>추론해</u> 보았다.　　　　　　(　　)

　① 미루어 생각해.

　② 거짓으로 그럴듯하게 꾸며내.

(2) 조선 말기, 우리나라는 강한 나라들의 정치적 <u>소용돌이</u>에 휘말렸다.　　(　　)

　① 힘이나 사상, 감정 따위가 엉켜 혼란스러운 상태를 비유적으로 나타낸 말.

　② 어떤 일을 이루기 위한 꾀나 수단.

(3) 한국전쟁으로 나라가 분단되는 <u>비극</u>이 일어났다.　　　　　　　　　(　　)

　① 남의 웃음거리가 될 만한 일.

　② 매우 슬프고 끔찍한 일.

(4) 정조 임금은 화성을 지을 자리를 <u>엄격하게</u> 골랐다.　　　　　　　　(　　)

　① 매우 빠르고 조심스럽게.

　② 아주 까다롭고 철저하게.

(5) 정밀화는 대상의 아주 작은 부분까지도 <u>치밀하게</u> 그린 그림이다.　　(　　)

　① 자세하고 꼼꼼하게.

　② 색깔이나 느낌을 아주 강하게.

(6) 수원 화성은 1997년 <u>유네스코</u> 세계 문화유산으로 등록되었다.　　　(　　)

　① 세계 평화와 인류 발전을 위해 교육, 과학, 문화 분야에서 활동하는 국제 연합 기구.

　② 세계의 보건과 위생을 맡아보는 국제 연합 기구.

9 서울의 궁궐

현재 서울에 남아 있는 조선의 궁궐에 대한 설명입니다. 알맞은 궁궐 이름을 쓰세요.

(1) 　조선 시대 최초의 궁궐로, 태조가 한양(지금의 서울)에 만든 법궁이다. 이 궁궐의 정문이 광화문이다.

(2) 　조선 시대의 두 번째 궁궐로, 태종 때 지었다. 창경궁과 이어져 있으며 후원이 잘 조성되어 있다.

(3) 　성종이 할머니를 모시려고 지은 궁궐이다. 정조가 태어난 곳이기도 하며, 사도 세자가 목숨을 잃은 곳이기도 하다. 일제 강점기에 일본 사람들이 이곳을 동물원과 식물원으로 만들기도 했다.

(4) 　광해군 때 짓기 시작해 3년 만에 완공했다. 처음 이름은 경덕궁이었다. 인조 이후 철종에 이르기까지 10여 명의 임금이 살았다.

(5) 　성종의 형인 월산대군의 집이었던 곳을 선조가 행궁으로 만들었다. 전통적 건물과 서양식 건물이 함께 있다. 지금의 이름은 덕수궁이다.

보기　　창경궁　　경운궁　　경복궁　　창덕궁　　경희궁

10 궁궐의 건물

설명을 읽고, 각 궁의 건물 이름을 알맞게 찾아 쓰세요.

(1)
경복궁   교태전   근정전   경회루

① 신하들이 왕에게 새해 인사를 드리거나 나라의 중요한
　행사를 치르던 곳.　　　　　　　　　　　　　　　[　　]

② 왕비가 생활하던 곳.　　　　　　　　　　　　　　[　　]

③ 왕이 외국 사신을 대접하거나, 신하들에게 잔치를 베풀
　던 곳.　　　　　　　　　　　　　　　　　　　　[　　]

(2)
창경궁   통명전   문정전

① 왕이 신하들과 회의를 열고 의견을 나누던 곳.　　[　　]

② 왕의 생활 공간이자 연회 장소로도 쓰인 곳.　　　[　　]

(3)
경운궁   중화전   정관헌

① 나라의 행사를 치르던 곳.　　　　　　　　　　　[　　]

② 왕이 휴식을 취하거나 손님을 맞이하던 곳.　　　[　　]

11 비슷한말

(1)
현장에 떨어진 머리카락이 사건을 해결하는 <u>단서</u>가 되었다.

일이나 사건을 풀어 나갈 수 있는 계기를 | 시 | ㅁ | ㄹ | 라고 한다.

(2)
수원 화성은 정조가 아버지 사도 세자의 묘를 옮기면서 쌓은 <u>성</u>이다.

| 성 | ㄱ | 은 외적의 침입을 막기 위해 지은 것이다.

(3)
지난주에 할머니 칠순 <u>잔치</u>를 했다.

청이는 전국의 모든 맹인을 초대해 | ㅇ | 회 | 를 베풀었다.

(4)
사물에는 모두 <u>이름</u>이 있다.

이 식물의 | 며 | ㅊ | 은 나도바람꽃이다.

(5)
현주는 할머니께 컴퓨터 사용 방법을 <u>자세히</u> 설명해 드렸다.

요리 방법이 | 사 | ㅅ | ㅎ | 적혀 있어 음식을 만들기 쉬웠다.

(6)
형은 영어 실력을 <u>보충</u>하기 위해 틈틈이 단어를 외운다.

자신의 장점은 키우고, 단점은 | ㅂ | 완 | 해라.

제 7 과 우리말을 가꾸어요

1 서평

書 評
글 서 평할 평

책 내용에 대한 평가.

예) 친구들과 ≪강아지똥≫을 읽고 서평을 나누었다.

아래 문장을 읽고 '평할 평(評)'이 들어가는 낱말을 쓰세요.

(1) 그 동화는 [호 |] 을 받고 있다.

* 좋은 평가.

(2) 서연이가 그 동화에 대해 날카롭게 [ㅂ |] 했다.

* 옳고 그름, 아름다움과 추함 따위를 분석하여 이야기함. 🄑 비판

(3) 그 가수는 실력에 비해 [ㄱ | ㅅ | | 가] 받고 있다.

* 실제보다 지나치게 낮추어 받는 평가.

(4) 회장의 능력을 [| | 가] 할 기회가 찾아왔다.

* 다시 평가함.

2 비슷한말, 반대말

밑줄 친 낱말의 비슷한말이나 반대말을 빈칸에 쓰세요.

(1)
현수는 방귀를 뀌었냐는 질문에 긍정의 의미로 고개를 끄덕였다.

도둑은 자신이 훔쳤다는 것을 반 [ ][정] 했다.

(2)
우리 사회의 잘못된 점을 개선하여 더 좋은 사회로 만들자.

국회의원이 법을 바꾸자 사람들은 반 [개][ ] 이라며 화를 냈다.

(3)
승호는 남을 무시하는 버릇이 있다.

지수는 늘 남의 말을 반 [ㅈ][ㅈ] 해서 친구들이 좋아한다.

(4)
산불 방지 대책을 마련하기 위해 많은 사람이 모였다.

나는 매년 겨울이 되면 독감 비 [ㅇ][ㅂ] 주사를 맞는다.

(5)
이 회사 사장은 불우이웃을 위해 거액을 기부했다.

놀부는 비 [ㅋ][ㄷ] 을 혼자 차지하기 위하여 흥부를 내쫓았다.

(6)
이번 비로 가옥 수십 채가 물에 잠겼다.

나무로 지은 비 [ㅈ][ㅌ] 은 불에 약하다.

3 낱말 뜻풀이

🐱 빈칸에 알맞은 낱말을 넣어서 밑줄 친 낱말의 뜻을 풀이하세요.

(1) 요즈음 비속어를 쓰는 친구들이 너무 많다.

* 비속어: 쌍스러운 [말].

(2) 축제를 즐기기 위하여 엄청난 인파가 모여들었다.

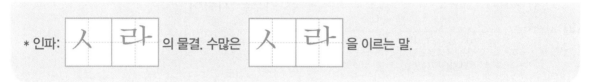

* 인파: [사람]의 물결. 수많은 [사람]을 이르는 말.

(3) 우리 선생님과 우리 반 아이들은 늘 소통을 잘 한다.

* 소통: 뜻과 생각이 [통함].

(4) 정민이는 교통사고의 원인에 대해 사례를 들어 자세히 설명했다.

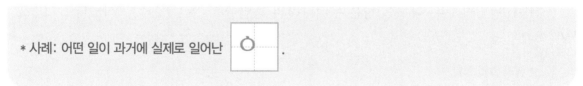

* 사례: 어떤 일이 과거에 실제로 일어난 [예].

(5) 왕비는 길을 가던 스님에게 시주를 하였다.

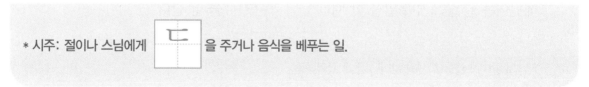

* 시주: 절이나 스님에게 [돈]을 주거나 음식을 베푸는 일.

(6) 고운 우리말을 사용하면 진정한 말맛을 느낄 수 있다.

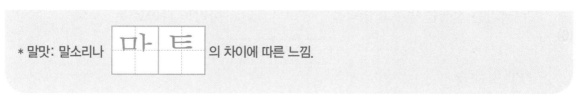

* 말맛: 말소리나 [맛]의 차이에 따른 느낌.

4 무슨 낱말일까요?

빈칸에 알맞은 낱말을 넣어 문장을 완성하세요.

(1) 내 친구들은 얼마나 고운 말을 쓰는지 저 거 해 보기로 했다.

* 하나하나 빠짐없이 검사함.

(2) 요즈음 바 동 물 을 키우는 사람이 많다.

* 가족처럼 생각하여 가까이 두고 보살피며 기르는 동물.

(3) 남을 ㅂ ㄹ 할 줄 아는 사람이 되거라.

* 도와주거나 보살펴 주려고 마음을 씀.

(4) 1919년 3월 1일, 대표 33명은 우리나라의 독립을 서 어 하였다.

* 널리 알려 말함.

(5) 혜민이는 글을 쓰거나 말을 할 때 이 요 을 잘 한다.

* 남의 말이나 글을 자신의 말이나 글에 끌어다 씀.

(6) 두 국가는 전쟁을 멈추고 병력을 처 ㅅ 하기로 약속했다.

* 거두어 물러남.

(7) 《어린이 훈민정음》은 초등학생들의 낱말공부를 위한 | 기 | ㄹ | 자 | 이 | 역할을 한다.

* 길을 인도해 주는 사람이나 물건. ⑪ 길잡이

(8) 다른 사람의 말이나 글을 빌려 올 때는 그 | ㅊ | ㅊ | 를 밝혀야 한다.

* 원래 있던 곳. 글이 처음 실린 곳.

(9) 욕설을 많이 하는 친구는 | ㅊ | 해 | 보인다.

* 외모나 언행이 더럽게 느껴질 만큼 흉해.

(10) 어머니는 길에 침을 뱉는 아이를 보시고 | 누 | ㅅ | 을 찌푸리셨다.

* 두 눈썹 사이의 주름. 보통 '찌푸리다'와 함께 쓰여 얼굴을 찡그리는 것을 뜻한다.

(11) 나는 시간이 나면 | | 중 | | 체 | 를 보며 쉰다.

* 신문, 잡지, 영화, 텔레비전 따위와 같이 많은 사람에게 정보를 전달하는 수단.

(12) 연희는 다리를 다치는 바람에 달리기 대회에 | ㄱ | ㄱ | 했다.

* 시합이나 대결을 포기하고 지는 것.

5 우리말

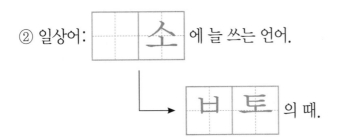

다음 글을 읽고 물음에 대답하세요.

> 우리 주변을 돌아보면 학생들의 입에서 ① 거침없이 욕설이 터져 나와 그것이
> ② 일상어가 되었습니다. 뿐만 아니라 ③ ☐ 보다 ④ ☐ 를 많이
> 사용하여 우리말이 오염되고 있습니다. 이런 문제가 평범한 학생들에게서 일어
> 나는 것이라 더 큰 문제가 되고 있습니다.

(1) ①과 ②의 낱말 풀이를 하세요.

　　① 거침없이: 아무 | 거 | | 낌 | 없이.

　　② 일상어: | | 소 | 에 늘 쓰는 언어.

　　　　　→ | ㅂ | 토 | 의 때.

(2) ③과 ④에 들어갈 낱말을 쓰세요.

　　③ 본디부터 그 나라에서 써 온 말.　🕭 고유어　　| | 박 | 말 |

　　④ 다른 나라의 말.　　| | 국 | |

(3) 다음 낱말을 고유어, 한자어, 외래어로 나누세요.

> **보기**　해돋이　　하늘　　시나브로　　냄비　　친구
> 　　　　햄버거　　핀　　표기　　버전　　머리띠

①	고유어
②	한자어
③	외래어

(4) 왼쪽 외국어를 잘 다듬은 토박이말과 연결하세요.

포스트잇　•　　　•　그림말

이모티콘　•　　　•　소망 목록

버킷 리스트　•　　　•　붙임쪽지

타임캡슐　•　　　•　자동길

무빙워크　•　　　•　기억상자

6 바르게 쓰기

다음 중 바르게 쓴 것에 동그라미 하세요.

(1) 우리는 ⎡ 며칠 후 ⎤ 다시 만나기로 했다.
　　　　　⎣ 몇 일 후 ⎦

(2) 친구의 그런 모습을 보니 그 친구가 ⎡ 안스럽다. ⎤
　　　　　　　　　　　　　　　　　　⎣ 안쓰럽다. ⎦

(3) 그 학교는 학생끼리도 높임말을 ⎡ 사용한대. ⎤
　　　　　　　　　　　　　　　　　⎣ 사용한데. ⎦

(4) 우리는 서로 존중하고 배려하는 생활 ⎡ 공동체 ⎤ 를 만들어야 한다.
　　　　　　　　　　　　　　　　　　　⎣ 공동채 ⎦

(5) 돌봐 주는 사람을 ⎡ 돌봄이 ⎤ 라고 한다.
　　　　　　　　　　⎣ 돌보미 ⎦

(6) 나는 우리 반 친구들이 사용하는 욕설, 비속어 ⎡ 사례집 ⎤ 을 만들었다.
　　　　　　　　　　　　　　　　　　　　　　　⎣ 사래집 ⎦

(7) 준수는 학생 언어 생활의 ⎡ 실태 ⎤ 를 조사했다.
　　　　　　　　　　　　　　⎣ 실테 ⎦

* 있는 그대로의 상태.

7 다의어

설명을 읽고, 밑줄 친 낱말이 문장에서 쓰인 뜻을 찾아 번호를 쓰세요.

감싸다	① 감아서 싸다. ② 잘못이나 흉을 덮어 주다.

(1) 날씨가 너무 추워서 머리부터 발끝까지 꽁꽁 감쌌다. (   )

(2) 형은 내 잘못을 너그럽게 감싸 주었다. (   )

들뜨다	① 마음이 가라앉지 않고 붕 뜨다. ② 단단한 데에 붙은 것이 떨어져 틈이 벌어지다.

(3) 재영이는 골을 넣고는 기쁨에 들떠서 환호성을 질렀다. (   )

(4) 손톱이 들떠서 근처를 건드릴 때마다 아팠다. (   )

상하다	① 물건이 깨지거나 헐다. ② 몸이 다치거나 살이 빠져 마르다. ③ 음식이 변하거나 썩다.

(5) 여름에는 음식이 상하지 않도록 보관을 잘 해야 한다. (   )

(6) 어머니는 접시가 상하지 않도록 종이로 하나씩 싸 놓으셨다. (   )

(7) 살을 빼겠다고 밥을 안 먹더니 얼굴이 많이 상했구나. (   )

8 십자말풀이

가로, 세로 열쇠를 잘 읽고 빈칸을 채우세요.

(1)
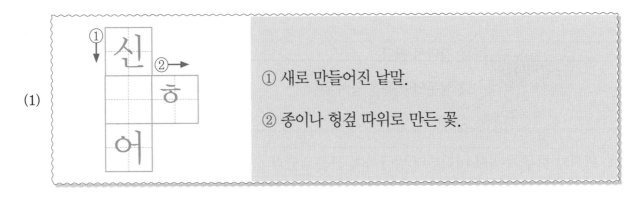

① 새로 만들어진 낱말.

② 종이나 헝겊 따위로 만든 꽃.

① 요즈음 (   )가 너무 많아 선생님께서 아이들의 말을 잘 알아듣지 못하신다.

② 저 (   )는 꼭 생화(살아 있는 나무나 가지에서 꺾은 꽃) 같다.

(2)
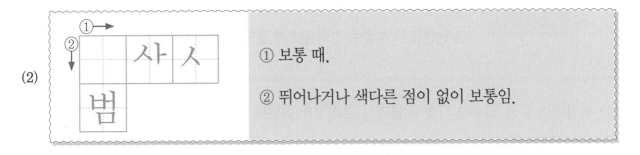

① 보통 때.

② 뛰어나거나 색다른 점이 없이 보통임.

① 승호는 (   )에 늘 저런 옷을 입고 다니니?

② 어릴 때 (   )했던 그가 커서 한 나라의 대통령이 되었다.

(3)
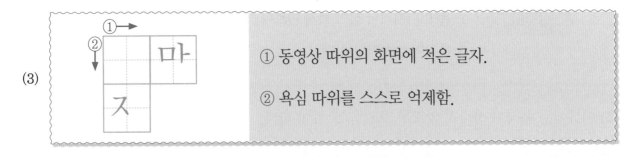

① 동영상 따위의 화면에 적은 글자.

② 욕심 따위를 스스로 억제함.

① 이 영화의 (   )은 글씨가 너무 작아서 읽기 힘들다.

② 목이 말라도 탄산음료는 (   )해라.

제 8 과 인물의 삶을 찾아서

1 여객선

旅 客 船

여행 여 손님 객 배 선

여행하는 사람을 태워 나르는 배.

예) 우리 가족은 <u>여객선</u>을 타고 여행을 떠났다.

설명을 읽고 '배 선(船)'이 들어가는 낱말을 쓰세요.

(1) 이순신 장군의 작전에 [   ][   ]은 모두 부서져 버렸다.

* 적의 군대가 타고 있는 배.

(2) 아직 저에게는 판 오 [   ]이 12척이나 남아 있습니다.

* 조선 시대에, 널빤지로 지붕을 덮은 전투용 배.

(3) 거 [   ][   ]이 나타나자 일본군이 겁을 먹었다.

* 이순신 장군이 만들어 일본군을 무찌르는 데에 큰 공을 세운, 거북 모양의 배.

(4) 유 람 [   ]이 한강 위를 떠가고 있었다.

* 손님에게 주변 풍경을 구경시키며 다니는 배.

2 죽음

죽음과 관계있는 낱말입니다. 빈칸에 알맞은 낱말을 쓰세요.

(1) 고인(죽은 사람)의 | 너 | 을 위로하기 위해 사람들이 모였다.

　　* 사람의 몸에 있으면서 몸과 정신을 다스리는 것. 몸이 죽은 뒤에도 영원히 존재한다고 한다.

(2) 산을 파헤치자 한국전쟁 때 죽은 군인의 | 배 | 고 | 이 나왔다.

　　* 죽은 사람의 살이 썩고 남은 뼈.

(3) 아버지는 할머니 | ㅁ | ㅈ | 앞에서 눈물을 흘리셨다.

　　* 시체나 유골(죽은 사람의 뼈)을 땅에 묻고 땅을 불룩하게 만들어 놓은 곳.

(4) 어머니는 | ㅇ | 도 | 하 | 신 | 할아버지를 보시며 눈물을 흘리셨다.

　　* 병이 매우 깊어서 생명이 위태로우신.

(5) 아직도 | 구 | ㅈ | 림 | 으로 죽음에 이르는 사람이 많다.

　　* 먹을 것이 없어 먹지 못함.

(6) 무덤가를 지나던 나그네는 | 도 | ㄲ | ㅂ | 부 | 을 보고 깜짝 놀랐다.

　　* 밤에 무덤이나 축축한 땅, 오래된 집 등에서 희미하게 보이는 푸른 불꽃.

3 집

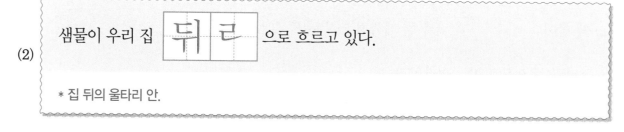

집과 관계있는 낱말입니다. 빈칸에 알맞은 낱말을 쓰세요.

(1) 감나무 가지가 [다] 을 넘어 옆집으로 뻗어 있다.

* 집이나 어떤 공간을 둘러막기 위해 흙, 돌, 벽돌 따위로 쌓아 올린 것.

(2) 샘물이 우리 집 [뒤ㄹ] 으로 흐르고 있다.

* 집 뒤의 울타리 안.

(3) 저 [비 ㄷ] 가장 위층에 연예인이 살고 있대.

* 서양식의 고층 건물.

(4) 그 부자는 [ㄷ ㄱ] 같은 집에 살았다.

* 임금이 사는 집.

(5) 연희는 [ㅂ ㅈ 집] 막내딸로 태어났다.

* 재산이 많아 살림이 넉넉한 사람의 집.

(6) 아저씨는 [ㅇ ㄷ 막] 을 짓고 숲속에 혼자 사신다.

* 사람 한 명이 겨우 들어가 살 수 있을 만큼 작고 초라한 집.

4 무슨 낱말일까요?

설명을 읽고, 빈칸에 알맞은 낱말을 넣어 문장을 완성하세요.

(1) 이 책을 쓴 사람은 | 비 | 미 | 구 | 제 | 를 주장하며 정치가로 활동했다.

     * 가난한 사람.   * 어려운 처지에 있는 사람을 도와주는 것.

(2) 제 몸이 | 지 | 토 | 가 될 때까지 이 은혜를 갚겠습니다.

     * 티끌(작은 먼지)과 흙을 아울러 이르는 말.

(3) 안중근은 조국에 대한 | 일 | 펴 | 다 | 심 | 으로 방아쇠를 당겼다.

     * '한 조각의 붉은 마음'이라는 뜻으로, 진심에서 우러나오는 변치 않는 마음을 이르는 말.

(4) 이성계는 사회를 | 구 | 혀 | 하여 새로운 | 왕 | ス | 를 세우려 했다.

     * 사회 제도나 기구를 새롭게 뜯어고침.
     * 같은 집안사람들이 왕을 이어 맡으며 다스리는 나라.

(5) 유명한 수영 선수가 이 | ㅎ | 혀 | 을 헤엄쳐서 건넜다.

     * 육지 사이에 끼어 있는 좁고 긴 바다.

(6) 마을에 쓰레기 | ㅅ | ㄱ | 장 | 이 생긴다고 하자 사람들이 모여들었다.

     * 쓰레기를 불에 태워 버리는 곳.

(7) 내가 이런 <u>푸 ㄴ 기</u> 에게 지다니!

   * 경험이 없어서 일에 서투른 사람.

(8) 도깨비들은 놀부네 집을 <u>ㅇ ㅅ ㄹ 장</u> 으로 만들었다.

   * 싸움 등으로 아주 시끄럽고 혼란한 상태를 비유적으로 이르는 말.

(9) 도깨비를 잡아 오라고 대왕님께서 <u>불 ㅎ 려</u> 을 내리셨다.

   * 몹시 심하게 꾸짖는 것.

(10) <u>저 ㅈ</u> 였던 사업이 <u>흐 ㅈ</u> 로 변했다.

   * 수입보다 지출이 많은 상태.   * 수입이 지출보다 많은 상태.

(11) 이 샘물이 어머니 병에 <u>ㅎ ㅓ</u> 이 있다고 도깨비가 알려 주었다.

   * 어떤 일이나 약 따위의 작용으로 나타나는 좋은 결과.

(12) 고려 말에 생긴 것으로, 정해진 형식에 맞추어 쓰는 시를 <u>ㅅ ㅈ</u> 라고 한다. 이 시

는 세 줄로 이루어졌는데 첫째 줄을 <u>ㅊ 장</u> , 둘째 줄을 <u>ㅈ 장</u> , 마지막

줄을 <u>ㅈ 장</u> 이라고 부른다.

5 전쟁

조선 시대의 전쟁과 관계있는 낱말입니다. 빈칸에 알맞은 낱말을 쓰세요.

(1) 이순신 장군은 | ㅅ | ㄱ | 전체를 다스리던 장수였다.

* 조선 시대에, 바다를 지키던 군대.

(2) 전쟁이 끝나, | ㅍ | ㄹ | 를 돌려보내기로 했다.

* 전쟁에서 사로잡힌 적군.

(3) 이순신 장군은 불리한 상황을 뒤집을 | 자 | 저 | 을 짰다.

* 전투에서 어떤 목적을 이루기 위한 방법.

(4) 병사들은 도망치는 적을 향해 | 초 | 토 | 을 쏘며 공격했다.

* 옛날에, 화약을 이용한 화살, 총, 대포 등의 무기를 통틀어 이르던 말.

(5) 이순신 장군은 명량 | ㄷ | 처 | 에서 배 13척으로 적선 133척을 물리쳤다.

* 큰 승리.

(6) | ㄱ | ㅅ | 해 온 일본군과 싸우던 중에 이순신 장군의 아들이 죽었다.

* 적이 생각하지 않았던 때에, 갑자기 들이쳐 공격함.

6 바르게 쓰기

 잘못 쓴 낱말에 밑줄을 긋고 바르게 고쳐 쓰세요.

(1) 저 칡은 줄기가 잔뜩 얽켜 있다.

_____

(2) 어머니는 잔치집에서 맛있는 음식을 얻어오겠다고 말씀하셨다.

_____

(3) 샘물을 집 쪽으로 흐르게 하면 집에서도 물을 깃게 될 거라고 윤주가 말했다.

_____

(4) 정은이는 우리 동네 최고 부자의 맞딸이다.

_____

(5) 도깨비는 천 년 동안 감옥에 같히는 벌을 받았다.

_____

(6) 잘못을 저질렀으면 그만큼의 죄값을 치러야 한다.

_____

(7) 성은이는 어머니 병을 낳게 하려고 새벽마다 샘물을 떠 왔다.

_____

7 숲

(1) 사람들이 ┌──┬──┐
　　　　　　 │ 벌 │ 목 │ 을 해서 앞산의 숲이 사라졌다.
　　　　　　 └──┴──┘

　　* 산이나 숲의 나무를 베는 일.

(2) 옛날에는 ┌──┬──┐
　　　　　　 │ 땔 │ 감 │ 을 태워 밥을 짓고 집도 따뜻하게 했다.
　　　　　　 └──┴──┘

　　* 불을 때는 데에 쓰는 나무나 석탄 같은 재료.

(3) 산에 ┌──┬──┐
　　　　 │ 묘 │ 목 │ 을 심어 숲을 되살리자.
　　　　 └──┴──┘

　　* 옮겨 심으려고 키운 어린나무.

(4) 숲길을 헤치고 한참 올라가니 ┌──┬──┐
　　　　　　　　　　　　　　　 │ 고 │ 원 │ 에서 뛰노는 양 떼가 보였다.
　　　　　　　　　　　　　　　 └──┴──┘

　　* 높은 지역에 펼쳐진 벌판.

(5) ┌──┬──┐
　　 │ 토 │ 양 │ 이 건강해야 숲의 식물도 잘 자란다.
　　 └──┴──┘

　　* 지구 표면을 덮고 있는 물질. 식물을 자라게 한다. 🐵 흙

(6) 전문가는 도시 속에 ┌──┬──┬──┐
　　　　　　　　　　　 │ 녹 │ 지 │ 대 │ 를 만들고 지키는 것이 중요하다고 말했다.
　　　　　　　　　　　 └──┴──┴──┘

　　* 자연환경을 보전하고 도시의 풍경을 향상하기 위해 풀이나 나무를 심어 만든 지역.

밑줄 친 낱말의 알맞은 뜻을 찾아 번호를 쓰세요.

(7) 이 곳은 땅이 <u>비옥해서</u> 나무가 잘 자라겠다.　　　　　　　　（　　）

　　① 식물이 자라는 데에 필요한 물기가 많아서.

　　② 식물이 자라는 데에 필요한 영양분이 많아서.

(8) 할머니 댁 뒷산에는 나무가 <u>울창하다</u>.　　　　　　　　　　（　　）

　　① 나무가 빽빽하게 많이 자라고 푸르다.

　　② 나무가 잘 자라 키가 무척 크다.

(9) 외국에서 공부를 마치고 돌아오신 삼촌은 <u>황폐한</u> 산을 보고 깜짝 놀라셨다.　　（　　）

　　① 토지나 숲이 거칠어져 못 쓰게 된.

　　② 토지나 자원을 사용하여 사람이 이용하기 좋게 만든.

(10) 이 숲은 <u>삭막한</u> 도시에 생기를 불어넣고 있다.　　　　　　（　　）

　　① 조용하고 평화로운.

　　② 메마르고 쓸쓸한.

(11) 이모는 숲을 만들기 위해 쉬는 날마다 산에 올라가 땅을 <u>일구셨다</u>.　　（　　）

　　① 식물을 심기 위해 땅을 파서 뒤집으셨다.

　　② 병이 퍼지는 것을 막기 위해 약을 뿌려 병균을 죽이셨다.

(12) 이 땅은 영양분이 <u>고갈하여</u> 숲을 가꿀 수 없다.　　　　　　（　　）

　　① 남아 있지 않아서.

　　② 없어지고 있어서.

8 낱말 뜻풀이

빈칸에 알맞은 말을 넣어서 밑줄 친 낱말의 뜻을 풀이하세요.

(1) 그 신부님은 평생 <u>소외된</u> 사람들을 보살피셨다.

* 소외된: 사람들에게 | 따 | 도 | 림 | 을 당한.

(2) 내 거짓말을 알아채시고는 아버지께서 무척 <u>노여워하셨다</u>.

* 노여워하셨다: 마음에 들지 않아 | 흥 | 를 내셨다.

(3) 꿈자리(꿈에 나타난 내용)가 <u>뒤숭숭하여</u> 이순신 장군은 아침부터 마음이 편하지 않았다.

* 뒤숭숭하여: 느낌이나 마음이 어수선하고 | 부 | 안 | 하여.

(4) 진영이는 어떤 일에 <u>열중하면</u> 옆에서 불러도 그 소리를 못 듣는다.

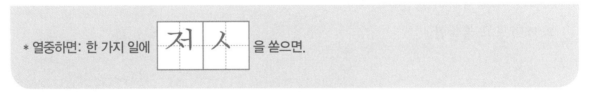

* 열중하면: 한 가지 일에 | 저 | ㅅ | 을 쏟으면.

(5) 사람들은 나무를 한 그루 심을 때마다 5센트씩 <u>지불했다</u>.

* 지불했다: | 돈 | 을 내었다.

(6) 형은 열심히 공부해서 대학교 입학이라는 <u>결실</u>을 거두었다.

* 결실: 노력이나 수고로 이루어진 보람 있는 | 결 | 과 |.

9 무슨 뜻일까요?

밑줄 친 말의 알맞은 뜻을 찾아 번호를 쓰세요.

(1) 숲속 어두운 곳에서 <u>흐느끼는</u> 소리가 들렸다.　　　　　　　　(　　)

　① 몹시 서러워 흑흑 소리를 내며 우는.

　② 크고 사나운 짐승이 세차게 울부짖는.

(2) 원균 장군이 이끌던 조선군이 <u>무참하게</u> 지고 말았다.　　　　　(　　)

　① 무척 끔찍하게.

　② 가엾고 초라하게.

(3) 저 집 딸들 가운데 막내가 가장 <u>총명하다</u>.　　　　　　　　　(　　)

　① 힘이 세다.

　② 영리하고 기억력이 좋으며 재주가 있다.

(4) 마타이는 <u>해비탯 회의</u>에서 보고 들은 것을 사람들 앞에서 연설했다.　(　　)

　① 전 세계 사람들의 영양 상태와 생활 수준을 높이려는 모임.

　② 전 세계의 집 없는 사람들이 스스로 살아갈 수 있도록 집을 짓거나 고쳐주는 모임.

(5) <u>우중충한</u> 하늘을 보니 내 마음도 처진다.　　　　　　　　　(　　)

　① 날씨가 어둡고 침침한.

　② 눈비가 내리거나 흐렸던 날씨가 맑아지는.

(6) 허름했던 건물이 아주머니 덕분에 멋진 식당으로 <u>거듭났다</u>.　　(　　)

　① 이전의 모습을 버리고 새로운 모습으로 바뀌었다.

　② 팔렸다.

10 십자말풀이

낱말 뜻풀이를 읽고, 괄호 안에 들어갈 낱말을 빈칸에 넣어 십자말풀이를 완성하세요.

(1)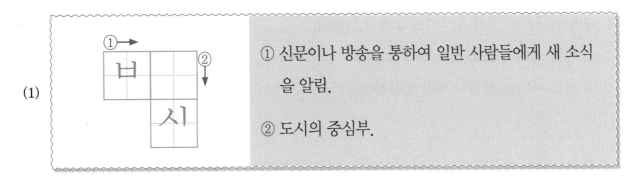

① 신문이나 방송을 통하여 일반 사람들에게 새 소식을 알림.

② 도시의 중심부.

① 신문 (　　　)를 보고 내일 눈이 올 걸 알았다.

② 높은 빌딩 때문에 (　　　)에서는 하늘을 제대로 볼 수 없다.

(2)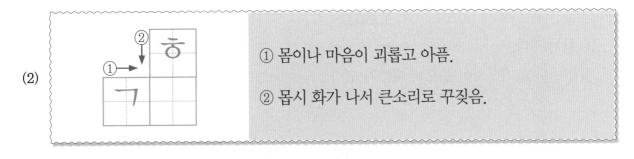

① 몸이나 마음이 괴롭고 아픔.

② 몹시 화가 나서 큰소리로 꾸짖음.

① 할머니는 약을 드시고 (　　　)에서 벗어나셨다.

② 토끼를 놓쳤다는 사실을 아시면 용왕님께서 (　　　)을 치실 것이다.

(3)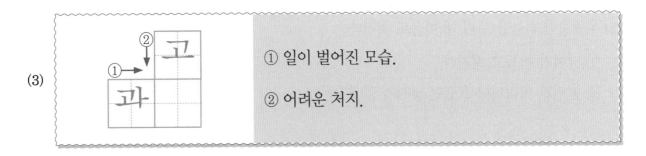

① 일이 벌어진 모습.

② 어려운 처지.

① 길에서 교통사고의 끔찍한 (　　　)을 보았다.

② 나는 (　　　)에 처한 친구를 보고 그냥 지나칠 수가 없었다.

제 **9** 과 마음을 나누는 글을 써요

1 평화

平 和
편안할 **평** 화목할 **화**

전쟁이나 갈등이 없이 안전한 상태.

예) 드디어 남과 북의 갈등이 끝나고 <u>평화</u>가 찾아왔다.

설명을 읽고 '편안할 평(平)'이 들어가는 낱말을 쓰세요.

(1) 무슨 일이 생겼는지 아버지께서 [ ][이] 보다 늦게 들어오셨다.

* 특별한 일이 없는 보통 때.

(2) 무대에 오르기 전, 무척 떨렸지만 나는 [태][ ][한] 척했다.

* 마음에 아무 걱정이 없는.

(3) 성은이는 [화][ ][한] 가정에서 자라서 성격도 밝고 씩씩하다.

* 편안하고 화목한.

(4) 숨을 크게 쉬었더니 마음이 [ ][아][해][졌][다].

* 아무 걱정 없이 편안해졌다.

2 편지

😊 **다음 편지를 읽고 물음에 답하세요.**

받는 사람 •

ㄱ

성균이에게

안녕? 나 민규야.

편지 받아서 깜짝 놀랐지? 말로 얘기하기에는 부끄러워서 이렇게 편지를 써.

일어난 사건 •

아까 ① [　　] 를 하다가 내가 다쳤을 때, 네가 ② [　　] 까지 ③ [　　] 해서 데려다 주었잖아. 재민이가 던진 공을 피하려고 옆으로 뛰었는데 현진이가 거기 서 있을 줄 몰랐어. 그래서 현진이와 부딪히는 바람에 발목을 삔 거였어.

생각과 행동 •

친구들과 계속 놀고도 싶고, 많이 힘들었을 텐데 날 보살펴 주어서 고마워. 절뚝거리며 걸어가는 동안에는 다리가 아프다는 생각밖에 못 했는데 ④ [　　] 를 받고 나니까 네게 고마운 생각이 들더라. 같은 편도 아닌데도 뛰어와서 도와주는 널 보니까 ⑤ [　　] 의 네 ⑥ [　　] 이 어떤지도 알 수 있었어.

나누려는 마음 •

아까는 다친 것도 창피하고 화가 났어. 게다가 절뚝거리며 걷는 것도 너무 힘들고 아파서 네게 고맙다는 말도 못 한 것 같아. 도와줘서 정말 고마워. 너랑 같은 반이 된 게 정말 ⑦ [　　] 이라고 생각해.

ㄴ

만약에 네게 무슨 일이 생기면 내가 제일 먼저 달려가서 도와줄게. 앞으로 더 친하게 지내자. 안녕.

친구 민규가

보내는 사람 •

(1) 편지 왼쪽에는 편지를 쓰는 형식이 적혀 있습니다. 빈칸 ㉠과 ㉡에 들어갈 낱말을 쓰세요.

㉠ 편지의 첫머리에서 하는 인사.

㉡ 편지의 맨 끝에서 하는 인사.

(2) 다음 뜻풀이를 보고, 편지 속 빈칸에 들어갈 낱말을 쓰세요.

① 두 편이 일정한 구역에서 공을 던져 상대편을 맞히는 놀이.

	구

② 학교에서, 학생들의 건강과 위생에 관한 일을 맡아보는 방.

ㅂ	ㄱ	실

③ 겨드랑이를 끼거나 붙잡아서 다른 사람이 걷는 것을 돕는 일.

ㅂ	추

④ 병이나 상처를 잘 다스려 낫게 하는 일.

ㅊ	ㄹ

⑤ 특별한 일이 없는 보통 때. 🔴 평소, 평시

ㅍ	ㅅ	시

⑥ 마음의 자세. 🔴 마음씨

마	음	ㄱ	ㅈ

⑦ 운이 좋음.

ㅎ	우

3 무슨 낱말일까요?

설명을 읽고, 빈칸에 알맞은 낱말을 넣어 문장을 완성하세요.

(1) 할아버지께서 돌아가셨을 때 | 이 | ㄱ | 친 | 척 | 이 모두 모여 아버지를 위로해

주셨다.

  * 아버지 쪽과 어머니 쪽의 모든 친척.

(2) 학교 | ㄷ | 하 | 축구 경기에서 우리 학교가 우승을 차지했다.

  * 무엇끼리 서로 겨룸.

(3) 다리가 아픈 민재는 산에 오르자고 한 아버지를 보며 | 하 | 타 | 했다.

  * 분하고 억울하여 후회하며 한숨을 쉬는 것.

(4) 작년에 같은 반이었던 민주에게서 | 아 | ㅂ | 를 묻는 편지가 왔다.

  * 잘 지내고 있는지 아닌지에 대한 소식.

(5) 흥부는 다리 다친 제비를 | 여 | 미 | 의 눈빛으로 바라보았다.

  * 불쌍하고 가엾게 여김.

(6) 아버지는 난로에 | 자 | 자 | 개 | 비 | 를 하나둘 넣으셨다.

  * 따뜻하게 하려는 목적으로, 불을 붙이기 위해 쪼갠 나무 하나하나.

(7) 쥐는 고겨 에 빠진 사자를 구해 주었다.

  * 어려운 처지.

(8) 수근이는 만날 지면서도 재석이에게 한 번만 더 뛰자고 ㅇ기 를 부렸다.

  * 능력은 부족하지만 남에게 지기는 싫어하는 마음.

(9) 놀부는 속물 그서 을 못 버려 동생에게 아무것도 주지 않았다.

  * 버릇이 되어 고치기 힘든 성질.   * 속물: 생각이 좁고 자기 이익과 명예만 따르는 사람을 이르는 말.

(10) 다른 사람을 도와주어 ㅎ심 을 얻어야지, 도움을 받을 생각만 하면 안 된다.

  * 기뻐하고 즐거워하는 마음.

(11) 다른 사람을 도와주더라도 ㅂ다 을 바라지는 마라.

  * 남에게 은혜를 갚음.

(12) 네가 잘못을 저지르면 그동안 쌓아 놓은 공더 이 전부 무너져 버릴 것이다.

  * 복을 받기 위해 쌓는 좋은 일.

(13) 정약용은 두 아들을 걱정하여 ㅇㅂ지 에서 편지를 보냈다.

  * 큰 죄를 지은 사람이 그 벌로 먼 시골이나 섬에 가서 갇혀 지내는 곳.

4 무슨 뜻일까요?

밑줄 친 낱말의 알맞은 뜻을 찾아 번호를 쓰세요.

(1) 도망치는 토끼를 보면서 자라는 <u>개탄하였다</u>.　　　　　　　　（　　）

　　① 분하거나 못마땅하여 한숨을 쉬었다.

　　② 목이 메게 울었다.

(2) 민정이는 자신의 의무를 <u>망각하고</u> 놀고만 있다.　　　　　　（　　）

　　① 잊어버리고.

　　② 무시하고.

(3) <u>애초</u>의 계획과는 다르게 우리 가족은 제주도로 이사를 가게 되었다.　　（　　）

　　① 올해의 처음.

　　② 맨 처음.

(4) 남에게 무엇을 바라지 말고 <u>베풀며</u> 살거라.　　　　　　　　（　　）

　　① 남이 어떤 행동을 하도록 시키며.

　　② 남에게 돈을 주거나 일을 도와주며.

(5) 주변 사람을 원망하는 <u>병폐</u>를 없애야 한다.　　　　　　　　（　　）

　　① 오랜 시간에 걸쳐 생긴 나쁜 습관.

　　② 자기 자신의 이익만을 생각하는 마음.

(6) 초등학생 가운데 <u>더러는</u> 이 책을 읽어 보았다고 한다.　　　　（　　）

　　① 전체 가운데 얼마쯤.

　　② 절반이 훨씬 넘어 전체에 가까운 정도.

5 바르게 쓰기

🐱 **잘못 쓴 낱말에 밑줄을 긋고 바르게 고쳐 쓰세요.**

(1) 할아버지께서 잘 지내시는지 궁금해서 문자 메세지를 보냈다.

_____

(2) 영준이의 글을 어디에 싫으면 좋을까?

_____

(3) 직접 말로 하기 쑥쓰러워서 성규에게 편지를 썼다.

_____

(4) 네 가방에 국을 업질러서 정말 미안해.

_____

(5) 너의 따뜻한 마음을 절대로 잊지 않을께.

_____

(6) 그런 말은 절대로 내뱉지 말아야 한다.

_____

(7) 소방관 아저씨께서 위험을 무릎쓰고 불을 끄셨다.

_____

6 비슷한말

밑줄 친 낱말의 비슷한말을 쓰세요.

(1)
한국 전쟁 중에는 <u>먹을거리</u>가 없어서 힘들었다고 한다.

흥부는 | 야 | 스 | 이 떨어져 놀부네 집으로 향했다.

(2)
민주와 나는 <u>사이좋은</u> 친구다.

윤호와 창민이는 친형제처럼 | 치 | 그 | 한 | 사이다.

(3)
규민이는 까닭 모를 <u>걱정</u>에 싸여 있었다.

네 말을 들으니 | 그 | 시 | 이 모두 사라지는 것 같다.

(4)
선생님 <u>덕분</u>에 경찰관이 되었습니다.

부모님의 | ㅇ | ㅎ | 에 보답할 방법이 있을까?

(5)
우리는 <u>미래</u>에 어떻게 살까?

요즘 | 뒤 | ㄴ | 은 걱정하지 말고 현재를 즐기자는 사람들이 많아졌다.

(6)
선장님은 이 근처의 <u>뱃길</u>을 모두 알고 계신다.

그렇게 험한 | 무 | 기 | 을 헤치고 그 섬에 가야겠니?

7 띄어쓰기

 괄호 안의 숫자는 띄어쓰기 횟수입니다. 띄어 써야 할 곳에 V표를 하세요.

(1) | 그나저나아까다친데는괜찮니?(4)

(2) | 아픈데를때리면얼마나더아픈데.(5)

(3) | 하루아침에지난날을다잊을수는없어.(5)

(4) | 지난번에갔던놀이공원에한번더가고싶어요.(7)

(5) | 편지쓸계획을세울때고려할점은무엇이있을까?(8)

(6) | 가방이더러워져서많이속상했을텐데너는오히려내걱정을했다.(9)

(7) | 가벼운농담일망정정도와달라는말은입밖에도내서는안된다.(9)

8 같은 글자로 시작하는 말

다음 글자로 시작하는 말을 빈칸에 알맞게 쓰세요.

(1) 본(本) : '중심', '근본'의 뜻.

① 우리 부대의 _____ 는 저 산 너머에 있다.

　　* 어떤 기관이나 단체의 중심이 되는 곳.

② 우리는 학생의 _____ 을 지켜야 한다.

　　* 마땅히 지켜야 할 도리나 기본 의무.

	ㅂ

	부

(2) 자(資) : '돈', '값이 나가는 물건'의 뜻.

① _____ 이 부족해서 회사 사정이 어려워졌다.

　　* 사업을 하는 데에 필요한 돈.

② 북한 땅에는 _____ 이 풍부하다.

　　* 인간이 살아가거나 돈을 버는 데에 이용되는 물건을 통틀어 이르는 말.

	ㄱ

	원

(3) 공(恭) : '겸손하고 예의 바른'의 뜻

① 동생은 삼촌께서 주시는 선물을 두 손으로 _____ 하게 받았다.

　　* 말이나 행동이 겸손하고 예의 바르게.

② 태연이는 할머니, 할아버지를 _____ 할 줄 아는 친구다.

　　* 예의 바르게 받들어 모심.

	소

	겨

(4) 험(險) : '험하다'는 뜻.

① _____ 한 산을 넘자 멋진 풍경이 펼쳐졌다.

　　* 땅의 모양이 다니기에 위험하고 어려운.

② 길이 너무 _____ 해서 차는 못 지나가겠다.

　　* 땅의 모양, 도로 따위가 험하고 나빠서.

	나

	아

3차 개정판

어린이

훈민정음

정답과 해설

맞춤법　발음

띄어쓰기

원고지 사용법

기초 문법

어휘력은 모든 학습의 뿌리

6-1

정답과 해설

본 교재는 어휘력 향상을 위해 만들었지만, 문장 하나하나도 학습에 도움이 되도록 정성을 기울였습니다. 그러므로 교재에 나오는 예시 문장을 자세히 살펴 문장 학습을 하는 데에 이용하시기 바랍니다.

본 교재는 어휘력은 물론, 맞춤법과 발음, 띄어쓰기, 기초 문법, 원고지 사용법 등의 내용을 함께 다루고 있습니다.

책을 읽고 생각을 넓혀요 7쪽

1. (1) 인공 지능
   (2) 인공위성
   (3) 인공 눈물
   (4) 인공호흡

2. (1) 포스터
   (2) 검토
   (3) 반론
   (4) 건조
   (5) 환기
   (6) 격렬하게
   (7) 자제
   (8) 악취
   (9) 분별
   (10) 서평
   (11) 밀접한
   (12) 집중
   (13) 건의

3. (1) 호흡
   (2) 오염
   (3) 위협
   (4) 대처
   (5) 외출
   (6) 보건

(7) 마스크
(8) 필터
(9) 주기적
(10) 제거
(11) 노폐물
(12) 배출

4. (1) 공유
   (2) 공동
   (3) 공학
   (4) 공감
   (5) 공범

5. (1) 넓힐
   (2) 색깔
   (3) 깊이
   (4) 부메랑
   (5) 쌓인
   (6) 곰곰이
   (7) 폐기물
   (8) 단계
   (9) 실명제

6. (1) 일단∨공기가∨오염되면∨사람의∨힘으로∨
   정화하기∨어렵다.

(2) 격렬한∨외부∨활동은∨호흡량을∨늘려∨
　　더∨많은∨미세∨먼지를∨마시게∨한다.

(3) 공기∨1리터에∨먼지∨알갱이가∨10만∨
　　개나∨있다.

(4) 미세∨먼지는∨일반∨먼지보다∨크기가∨
　　작아서∨눈에∨보이지∨않는다.

(5) 만약∨태워야∨한다면∨연기가∨밖으로∨
　　나오지∨않게∨해∨주세요.

(6) 그리고∨긴소매∨옷과∨장갑∨따위로∨
　　몸을∨가리는∨것이∨좋다.

(7) 이런∨해조류나∨채소는∨장운동을∨
　　활발하게∨해∨중금속을∨내보낸다.

1 비유하는 표현　　15쪽

1. (1) 직유법
　 (2) 은유법
　 (3) 은유법
　 (4) 직유법

2. (1) 3
　 (2) 3
　 (3) 1

해설

(1) '는'과 '따라가고(따라오고)'가 반복되고,
글자수(2글자, 2글자, 4글자)도 되풀이되고 있습니다.

(2) '마을'과 '는'이 반복되고, 글자수(3글자, 4글자,
4글자, 3글자)도 되풀이되고 있습니다.

(3) '~을 사모(사랑)하는 아이들아'가 반복되고 있습니다.

3. (1) 큰아버지, 작은아버지
　 (2) 큰소리, 큰 소리
　 (3) 큰집, 큰 집
　 (4) 큰 형, 큰형
　 (5) 큰따옴표, 작은따옴표

4. (1) 왈츠
　 (2) 낭송
　 (3) 시화전
　 (4) 함박눈
　 (5) 투명
　 (6) 비유
　 (7) 경쾌한
　 (8) 연주
　 (9) 엉켜
　 (10) 외양간
　 (11) 참신한
　 (12) 폭죽
　 (13) 산들

5. (1) 해져
　 (2) 헤져
　 (3) 비교
　 (4) 비유
　 (5) 사과든지, 배든지
　 (6) 무서웠던지

6. (1) 대상
　 (2) 배경
　 (3) 훼손
　 (4) 진

7. (1) ① 비유, ③ 공통점
　 (2) 흩날리는
　 (3) 교향악
　 (4) 팝콘
　 (5) 변덕쟁이
　 (6) 폐지
　 (7) 고물상
　 (8) 흥부
　 (9) 선풍기

8.

	(1)대		(3)전		
	(2)대	학	원		
(4)겸	손			(13)희	(12)곡
	(5)손	(6)오	공		예
		페		(11)역	사
	(7)도	라	(9)지	부	
(8)관	청		(10)불	만	족

2 이야기를 간추려요   25쪽

1. (1) 공감
   (2) 호감
   (3) 책임감
   (4) 안도감

2. (1) 소통
   (2) 곳간
   (3) 나졸
   (4) 흉측한
   (5) 탄성
   (6) 핀잔
   (7) 노끈
   (8) 공터
   (9) 보초
   (10) 변장
   (11) 주막
   (12) 헛걸음
   (13) 이승, 저승

3. (1) 고개
   (2) 말
   (3) 이마
   (4) 정신
   (5) 실수
   (6) 기둥

4. (1) 저승사자
   (2) 옥황상제
   (3) 염라대왕
   (4) 넘어
   (5) 너머
   (6) 넘어, 너머

5. (1) ①
   (2) ①
   (3) ①
   (4) ②
   (5) ①
   (6) ②
   (7) ②
   (8) ①
   (9) ②
   (10) ①
   (11) ②
   (12) ②
   (13) ②

 해설

문제의 오답 풀이입니다.
(5) ② 노을빛
(6) ① 보란듯이

6. (1) 인상
   (2) 먹구름
   (3) 포기
   (4) 구조

7. (1) 넉넉하게
   (2) 걸핏하면
   (3) 열쇠
   (4) 얼굴색
   (5) 짓궂은
   (6) 걱정

8. (1) 깊숙이
   (2) 또래
   (3) 곰곰이
   (4) 강낭콩
   (5) 쌓여
   (6) 수그리지
   (7) 금세

9. (1) ③
   (2) ④
   (3) ①
   (4) ②
   (5) ④
   (6) ②
   (7) ①

10. (1) 수성
    (2) 금성
    (3) 지구
    (4) 화성
    (5) 목성
    (6) 토성

3 짜임새 있게 구성해요 37쪽

1. (1) 기권
   (2) 발언권
   (3) 주권
   (4) 선택권

2. (1) 장래
   (2) 진로
   (3) 점검
   (4) 대장간
   (5) 최선
   (6) 성실
   (7) 보부상
   (8) 역량

(9) 추가
(10) 실물
(11) 강화
(12) 제시
(13) 다양한

3. (1) 인재
   (2) 주간
   (3) 연장
   (4) 연기

4. (1) 해
   (2) 계획
   (3) 생각
   (4) 기술
   (5) 중심
   (6) 후보자

5. (1) 주제
   (2) 자료
   (3) 표
   (4) 사진
   (5) 도표
   (6) 동영상
   (7) 자막
   (8) 출처
   (9) 저작권
   (10) 집중
   (11) 분명하게
   (12) 정리

6. (1) 윗니
   (2) 윗도리
   (3) 윗동네
   (4) 위쪽
   (5) 윗사람
   (6) 윗눈썹
   (7) 윗목

(8) 위층

(9) 웃돈

(10) 윗배

7.(1) 도전

(2) 축제

(3) 일정표

(4) 설문

(5) 얘기

(6) 암기

8.(1) ① 의논

  ② 의지

(2) ① 격려

  ② 격리

(3) ① 지느러미

  ② 미각

4 주장과 근거를 판단해요 47쪽

1.(1) 서론

(2) 근거

(3) 뒷받침한다

(4) 요약하고

2.(1) 스트레스

(2) 습성

(3) 야성

(4) 즉석

(5) 항암

(6) 금수강산

(7) 어패류

(8) 복원

(9) 오염

(10) 악화

(11) 풍부하지

(12) 안식처

(13) 무분별

3.(1) 방어

(2) 개악

(3) 후손

(4) 이롭다

(5) 근거

(6) 천연

4.(1) 객관적

(2) 주관적

(3) 비판적

(4) 생태적

(5) 직접적

5.(1) ②

(2) ①

(3) ①

(4) ①

(5) ②

(6) ①

 해설

문제의 오답 풀이입니다.

(1) ① 떫은맛

6.(1) 곰곰이

(2) 멍게

(3) 눈요깃거리

(4) 갈래

(5) 싫증

(6) 섭취

(7) 괜찮을

7.(1) 개발

(2) 대지

(3) 댐

(4) 서식

(5) 터널

(6) 생태계

(7) 폐수

(8) 토양

(9) 지하수

⑩ 플라스틱

⑪ 역습

⑫ 보전

8.(1) 자연

(2) 스스로

(3) 기온

(4) 소금

(5) 계절

(6) 결과

9.(1) 단정

(2) 신선

(3) 담백

(4) 해독

10.(1) 자연은∨한번∨파괴되면∨복원하기가∨어렵다.

(2) 더∨이상∨무분별한∨개발로∨금수강산을∨훼손해서는∨안∨된다.

(3) 세계∨곳곳에서∨벌어지는∨자연∨개발은∨우리∨삶을∨위협한다.

(4) 서울∨동물원에만∨한∨해∨평균∨350만∨명이∨방문한다.

(5) 오염된∨환경을∨되살리는∨데는∨수십∨수백∨배의∨시간과∨노력이∨든다.

(6) 우리∨전통∨음식은∨그∨맛과∨멋과∨영양의∨삼박자를∨모두∨갖추고∨있다.

(7) 전통∨음식을∨가까이하면∨계절과∨지역에∨따라∨다양한∨맛을∨즐길∨수∨있다.

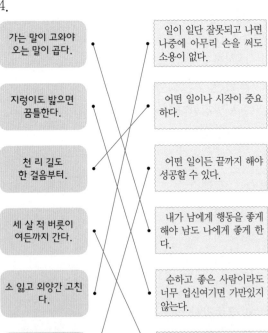

5 속담을 활용해요 59쪽

1.(1) 협의

(2) 협력

(3) 협조

(4) 협상

2.(1) 속담

(2) 허황된, 실현성

(3) 시치미

(4) 맴

(5) 오지게

(6) 궁리

3.(1) 하룻강아지

(2) 티끌, 태산

(3) 사공

(4) 이끼

4.

가는 말이 고와야 오는 말이 곱다.

지렁이도 밟으면 꿈틀한다.

천 리 길도 한 걸음부터.

세 살 적 버릇이 여든까지 간다.

소 잃고 외양간 고친다.

우물을 파도 한 우물만 파라.

일이 일단 잘못되고 나면 나중에 아무리 손을 써도 소용이 없다.

어떤 일이나 시작이 중요하다.

어떤 일이든 끝까지 해야 성공할 수 있다.

내가 남에게 행동을 좋게 해야 남도 나에게 좋게 한다.

순하고 좋은 사람이라도 너무 업신여기면 가만있지 않는다.

어릴 때 몸에 밴 버릇은 늙어서도 고치기 어렵다.

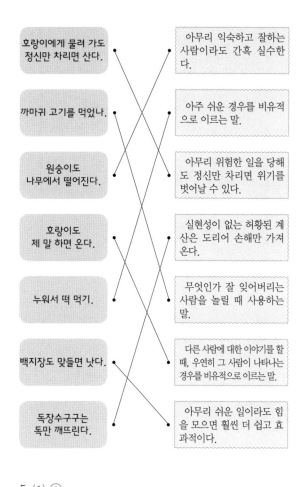

5. (1) ①
   (2) ㉠ ①
       ㉡ ①
   (3) ①
   (4) ②
   (5) ②

6.
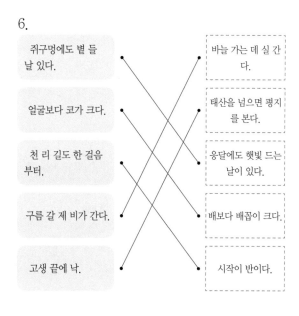

7. (1) ⑥, 호랑이
   (2) ③, 발
   (3) ②, 말
   (4) ④, 배꼽
   (5) ⑦, 태산
   (6) ①, 외양간
   (7) ⑤, 까마귀

8. (1) ① 어물전
       ② 딴전
   (2) ① 국경
       ② 지경
   (3) ① 수선
       ② 수갑

함께 연극을 즐겨요　69쪽

1. (1) 촌극
   (2) 무언극
   (3) 비극
   (4) 창극
   (5) 희극

2. (1) 전기문
   (2) 병환
   (3) 콧노래
   (4) 캔버스
   (5) 굼벵이
   (6) 두루마기
   (7) 안개
   (8) 가상
   (9) 호기심
   (10) 인터뷰
   (11) 휘둥그레져
   (12) 주둥이
   (13) 일상

3. (1) 극본

(2) 대사

(3) 지문

(4) 해설

(5) 해설

(6) 대사

(7) 지문

4. (1) 공연

(2) 스크린

(3) 무대

(4) 퇴장

(5) 관람

(6) 관객

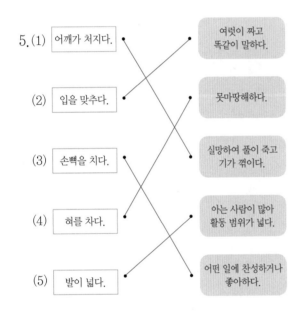

5. (1) 어깨가 처지다. — 실망하여 풀이 죽고 기가 꺾이다.

(2) 입을 맞추다. — 여럿이 짜고 똑같이 말하다.

(3) 손뼉을 치다. — 어떤 일에 찬성하거나 좋아하다.

(4) 혀를 차다. — 못마땅해하다.

(5) 발이 넓다. — 아는 사람이 많아 활동 범위가 넓다.

6. (1) ①

(2) ②

(3) ②

(4) ①

(5) ①

(6) ②

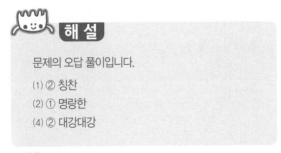

해설

문제의 오답 풀이입니다.
(1) ② 칭찬
(2) ① 명랑한
(4) ② 대강대강

7.

	(1)정		(11)비	탈
(2)기	색			바
(3)황	혼	(10)샛	바	람
인	(9)고	별		
(4)종	(5)이	학	(8)언	행
맛		(7)화	성	
(6)살	얼	음		

6 내용을 추론해요 77쪽

1. (1) 왕비

(2) 후궁

(3) 세자

(4) 대군

(5) 사신

(6) 내시

(7) 나인

2. (1) 강점기

(2) 건축

(3) 위기

(4) 신분

(5) 번성

(6) 수난

(7) 거처

(8) 자막

(9) 효과

(10) 편집

(11) 여가

(12) 의식

(13) 누각

3. (1) ① 법궁

② 행궁

(2) ① 기록

② 등록

　(3) ① 즉위식

　　② 혼례식

4.(1) 완공

　(2) 설계

　(3) 구조물

　(4) 우물

　(5) 처마

　(6) 터

　(7) 대청마루

　(8) 공공시설

　(9) 기술자

5.(1) 절

　(2) 후원

　(3) 임금

　(4) 정원

6.(1) ①

　(2) ②

　(3) ③

　(4) ①

　(5) ②

　(6) ③

　(7) ①

　(8) ②

7.(1) 책

　(2) 임금

　(3) 저승

　(4) 큰

　(5) 그림

　(6) 부드러워

8.(1) ①

　(2) ①

　(3) ②

　(4) ②

　(5) ①

　(6) ①

 해 설

문제의 오답 풀이입니다.

(1) ② 조작해

(2) ② 계략

(3) ① 희극

(6) ② 세계보건기구

9.(1) 경복궁

　(2) 창덕궁

　(3) 창경궁

　(4) 경희궁

　(5) 경운궁

10.(1) ① 근정전

　　② 교태전

　　③ 경회루

　(2) ① 문정전

　　② 통명전

　(3) ① 중화전

　　② 정관헌

11.(1) 실마리

　(2) 성곽

　(3) 연회

　(4) 명칭

　(5) 상세히

　(6) 보완

7 우리말을 가꾸어요 89쪽

1.(1) 호평

　(2) 비평

　(3) 과소평가

　(4) 재평가

2.(1) 부정

(2) 개악

(3) 존중

(4) 예방

(5) 큰돈

(6) 주택

3. (1) 말

(2) 사람

(3) 통함

(4) 예

(5) 돈

(6) 말투

4. (1) 점검

(2) 반려동물

(3) 배려

(4) 선언

(5) 인용

(6) 철수

(7) 길라잡이

(8) 출처

(9) 추해

(10) 눈살

(11) 대중 매체

(12) 기권

5. (1) ① 거리낌

② 평소, 보통

(2) ③ 토박이말

④ 외국어

(3) ① 해돋이, 하늘, 시나브로, 머리띠

② 친구, 표기

③ 냄비, 햄버거, 핀, 버전

 해 설

① '시나브로'는 '모르는 사이에 조금씩 조금씩'이라는
뜻을 지닌 낱말입니다.

③ '냄비'는 일본어 '나베'가 변한 말로, 외래어입니다.

(4)

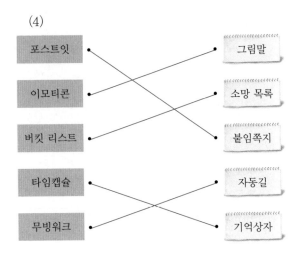

포스트잇	그림말
이모티콘	소망 목록
버킷 리스트	붙임쪽지
타임캡슐	자동길
무빙워크	기억상자

6. (1) 며칠 후

(2) 안쓰럽다

(3) 사용한대

(4) 공동체

(5) 돌봄이

(6) 사례집

(7) 실태

 **해 설**

(3) '-다고 해'가 줄어든 말로, '-대'라고 씁니다.

7. (1) ①

(2) ②

(3) ①

(4) ②

(5) ③

(6) ①

(7) ②

8. (1) ① 신조어

② 조화

(2) ① 평상시

② 평범

(3) ① 자막

② 자제

8 인물의 삶을 찾아서 99쪽

1. (1) 적선
   (2) 판옥선
   (3) 거북선
   (4) 유람선

2. (1) 넋
   (2) 백골
   (3) 묘지
   (4) 위독하신
   (5) 굶주림
   (6) 도깨비불

3. (1) 담
   (2) 뒤란
   (3) 빌딩
   (4) 대궐
   (5) 부잣집
   (6) 오두막

4. (1) 빈민, 구제
   (2) 진토
   (3) 일편단심
   (4) 개혁, 왕조
   (5) 해협
   (6) 소각장
   (7) 풋내기
   (8) 아수라장
   (9) 불호령
   (10) 적자, 흑자
   (11) 효험
   (12) 시조, 초장, 중장, 종장

5. (1) 수군
   (2) 포로
   (3) 작전
   (4) 총통
   (5) 대첩
   (6) 기습

6. (1) 얽혀
   (2) 잔칫집
   (3) 긷게
   (4) 맏딸
   (5) 갇히는
   (6) 죗값
   (7) 낫게

7. (1) 벌목
   (2) 땔감
   (3) 묘목
   (4) 고원
   (5) 토양
   (6) 녹지대
   (7) ②
   (8) ①
   (9) ①
   (10) ②
   (11) ①
   (12) ①

 해설

문제의 오답 풀이입니다.
(9) ② 개발한
(11) ② 소독하셨다

8. (1) 따돌림
   (2) 화
   (3) 불안
   (4) 정신
   (5) 돈
   (6) 결과

9. (1) ①
   (2) ①

(3) ②

(4) ②

(5) ①

(6) ①

 해 설

문제의 오답 풀이입니다.

(1) ② 으르렁거리는

(2) ② 처량하게

(4) ① 국제연합 식량농업기구

(5) ② 개는

10. (1) ① 보도

② 도심

(2) ① 고통

② 호통

(3) ① 광경

② 곤경

9 마음을 나누는 글을 써요 111쪽

1. (1) 평일

(2) 태평한

(3) 화평한

(4) 평안해졌다

2. (1) ㉠ 첫인사

㉡ 끝인사

(2) ① 피구

② 보건실

③ 부축

④ 치료

⑤ 평상시

⑥ 마음가짐

⑦ 행운

3. (1) 일가친척

(2) 대항

(3) 한탄

(4) 안부

(5) 연민

(6) 장작개비

(7) 곤경

(8) 오기

(9) 근성

(10) 환심

(11) 보답

(12) 공덕

(13) 유배지

4. (1) ①

(2) ①

(3) ②

(4) ②

(5) ①

(6) ①

해 설

문제의 오답 풀이입니다.

(1) ② 오열했다

(3) ① 올초

(4) ① 명령하며

(5) ② 이기심

(6) ② 대부분

5. (1) 메시지

(2) 실으면

(3) 쑥스러워서

(4) 엎질러서

(5) 않을게

(6) 내뱉지

(7) 무릅쓰고

6. (1) 양식

(2) 친근한

(3) 근심

(4) 은혜

(5) 뒷날

(6) 물길

7. (1) 그나저나∨아까∨다친∨데는∨괜찮니?

(2) 아픈∨데를∨때리면∨얼마나∨더∨아픈데.

(3) 하루아침에∨지난날을∨다∨잊을∨수는∨
없어.

(4) 지난번에∨갔던∨놀이공원에∨한∨번∨더∨
가고∨싶어요.

(5) 편지∨쓸∨계획을∨세울∨때∨고려할∨
점은∨무엇이∨있을까?

(6) 가방이∨더러워져서∨많이∨속상했을∨
텐데∨너는∨오히려∨내∨걱정을∨했다.

(7) 가벼운∨농담일망정∨도와∨달라는∨말은∨
입∨밖에도∨내서는∨안∨된다.

8. (1) ① 본부

② 본분

(2) ① 자금

② 자원

(3) ① 공손

② 공경

(4) ① 험난

② 험악

시서례 초등 학습서

 어린이 훈민정음

- 교과서 중심의 어휘력 교재.
- 다양한 형식의 문제를 풀면서 쉽고 재미있게
  어휘력을 키울 수 있습니다.
  학년별2권 총12권

 초등국어 독해력 비타민

- 다양한 장르와 소재에 적응하게 해주는 독해력 교재.
- 동화, 설명문, 논설문, 시, 기사문 등 여러 형식과 문학, 과학,
  역사, 사회, 철학 등 다양한 내용의 예문으로
  폭넓은 독해력을 갖게 해줍니다.
  단계별1권 총6권

나의생각 글쓰기 나의 생각 글쓰기

- 기초 문장력부터 바로잡아 주는 갈래별 글쓰기 교재.
- 일기, 생활문, 독후감, 논설문, 설명문 등을 학년에 맞게
  구성하였습니다.
  학년별2권 총12권